『言值』有理

TA中的女性沟通心理学

徐丽丽 陈雅英 著

中国工人出版社

序

PREFACE

人是社会性动物，更是文化性动物。社会性规定了人无法在世界上独立生存，特别是无法独自繁衍下一代。为了生存与繁衍，人必须与他人进行交往和沟通，从而建构出各色各类的人际关系。文化性规定了人际关系不是随机、任意建立起来的，人际关系必然受到社会、经济、政治、文化规则的制约。这些规则中既有白纸黑字明列出来的法律体系，也有口传心授、内化于心的道德范本，甚至还有一些只可意会不可言说的暗潜戒律。所有这些文化的规定性，在人出生进入社会后，便都慢慢转成了“自己的良心”，也都具象成为与人打交道时“他人的评判”。自己的良心和他人的评判无时无刻不在影响着我们的人际关系。

也是在文化的塑造之下，特别是在男权主义占据主导的大多数文化演化进程中，女性较之男性会更多地受到文化的“压力”，她们的手脚和大脑在建立人际关系时会感到更多的束缚。这也是西方社会提倡“女权主义”以及中国社会强调“妇女解放”的原因。大多数文明社会还在不断倡导“男女平等”的信念，这似乎构成了现代文明社会的一种自嘲，也充分显示出，在尝试建立人人平等的关系过程中，女性面临的挑战更为严峻和特殊。这些挑战既包括来自他人的刻板评判，也出于自我内心的矛盾挣扎。可想而知，人在日益更新的社会中，一方面要努力顺从文化的规定性，另一方面又要尝试突破文化的规定性，从而去建立起新型的人际关系，那将是一件多么不容易的事情，而女性尤甚。

这本以《“言值”有理——TA中的女性沟通心理学》为名字的小书，恰好为人们（特别是女性朋友）应对上述挑战提供了一种视角、一个理论和一套技术，让人们能够更好地去完善自我，进行良好沟通，建立和谐的人际关系，创新文化，并获得人生幸福。

本书不仅介绍了沟通心理学（TA）的知识，还分层推进地探讨了女性朋友如何调整自己在职场的人际关系、与自己伴侣的亲密关系、与父母的孝敬关系以及与子女的教养关系。女性因文化的“压制”，往往带着自身成长中遭受的人际关系创伤，同时成人后，又承受着来自职场和家庭的双重压力，在与他人交往时，常常难以调整出自己的理想沟通状态。当人际关系问题得不到梳理，经常处于人际冲突中时，即便自身具有优越的物质条件和丰厚的经济收入，自己所感受到的幸福感也会大打折扣。

所以，读一读这本小书吧，相信能够为你带来某种惊喜。人类的沟通工具主要是语言，本书讲述的沟通理论与技巧都是以提高人际交往“言值”为目标的。凡是越能够促进人际沟通、提高人际和谐、让人际交往者更具同理心和同情心的语言，其对人的社会性和文化性的价值就越高。“言值”越高的人，就是越受家人、同事和社会他人欢迎的人；越受大家喜欢的人，其内心的安全感、获得感和幸福感也越高。所以，讲授如何提高“言值”的本书，其自身的“言值”也是高的，定会受到读者的欢迎，受到女性朋友的喜爱。

本书的两位作者都是高颜值女性，多年深耕于沟通心理学，并在心理咨询和培训一线工作，积累了大量的实践经验。“言值”谐音“颜值”，更贴近女性的需求，但男性朋友读后也一定大有裨益。

张建新

2021 年 4 月于百花盛开的春天

（作序者系中国科学院心理研究所二级研究员、
中国社会心理学会会长、国际心理学联合会执委）

CONTENTS

目录

认识沟通心理学

你首先得知道，
人们为什么要沟通

第 1 章

CHAPTER

第一节

沟通心理学的缘起

我们降生在这个世界，用一声啼哭和这个世界说“你好”，之后发生了什么？是温暖的怀抱、阳光般的笑容，还是忧愁的面容、冷漠的声音？看到这一切后，我们又如何回应？我们和世界的沟通从此拉开序幕，这也构成了每个人生命的底色。

我们可以思索以下 5 个问题：

- 你如何向别人说“你好”？
- 你如何回应别人的“你好”？
- 说完“你好”后，你会说什么？
- 人们不互相说“你好”时，又在做什么？
- 人们为什么要彼此交谈？

一、说完“你好”，说什么

孩子在婴儿时期，说“你好”的方式可能是用一个手指指着陌生人，嘴里发出“嗯嗯”的声音。每当这个时候，孩子的家长都觉得尴尬，因为他们觉得这是一种不礼貌的方式。但实际上，大部分被指着的大人都会很友好地回应婴儿。

婴儿是不被评判的，他们在沟通中天然受欢迎。但长大后，我们就开始彼此评判。如果有人这样指着你说话，你会评判这个人太无礼；如果有人指着你说话，你还很友好地回应他，别人可能会评判你很“㞞”。

彼此说完“你好”后，我们仍然需要继续寻找和对方的联结点。经过多年练习后，你会变得擅长在很短的时间内跟不同的人找到值得说的话题。

在生活中，我们不需要刻意强调女性有多爱说话，因为有研究显示，男人的大脑要比女人的大脑大15%，但女人大脑中的语言中枢要比男人大脑中的语言中枢大约1/3，所以女人在语言表达上有明显的生理优势。

但说话就是沟通吗？不是。两者的区别在于：你说话时是否在意对方？是否让对方有存在感？你们之间是否能交换信息？就像水需要流动一样，有信息互换和彼此影响的说话才是流动的，才叫沟通。所以，虽然女性很擅长说话，但我们不能因此简单地说女性很擅长沟通。

对于一位上有老、下有小的职场女性来说，由于在家庭中承担着特殊的沟通“枢纽”作用，因此，想要处理好工作和生活的关系，善于沟通至关重要。女性要善于和自己沟通，以保持内心的自洽与平和；要处理好职场上的沟通，让自己舒心、愉快地展现工作实力；要擅长与男性沟通，以获得来自男性的支持；要巧妙地跟孩子沟通，给他们的人描上明亮的底色；要细腻地与父母沟通，读懂父母言语里的深层次需求。

在这本书里，我们将会回答上面提出的 5 个问题，让女性学习沟通。

二、沟通中的三种自我状态

本书依据的沟通心理学理论来自美国心理学家艾瑞克·伯恩（Eric Berne），他于 20 世纪 60 年代创立了沟通分析心理学，简称 TA（Transactional Analysis) 理论。艾瑞克·伯恩发现，人在不同情境下的状态非常不同，而且还存在规律。他创造性地把人在沟通中的状态分为父母自我状态（Parent）、成人自我状态（Adult）、儿童自我状态（Child) 三种，这一发现又被称为 PAC 人格理论。该理论的哲学理念提出了我们在沟通中彼此应保持的基本态度。

首先，每个人都有自己的价值和尊严，人与人之间是平等的。

其次，每个人都有思考的能力。

最后，人会在童年时选择自己的命运之路，而这个早期的选择在成年之后是可以改变的。

根据这个哲学理念，我们可以提出以下沟通的原则。

首先，承认差异，在“我好，你也好”的前提下求同存异。

其次，在沟通中注意边界，相信每个人都有为自己负责任的能力。

最后，童年形成的沟通方式是可以改变的，沟通能力是可以通过后天的学习和培训提高的。

PAC 人格理论来自以下三项你不会反对的事实。

①每一个成人都曾经是孩子。

②每一个脑部功能良好的人，都有适当应付现实的潜能。

③每一个成人都有父母或等同父母功能的养育者。

基于以上事实，艾瑞克·伯恩把每个人都有的父母、成人、儿童三种自我状态放在一起，构建起完整的人格模式。我们可以把它们分别画成三个相切的圆圈，各以其英文单词的首字母为名，形成 PAC 模式图。

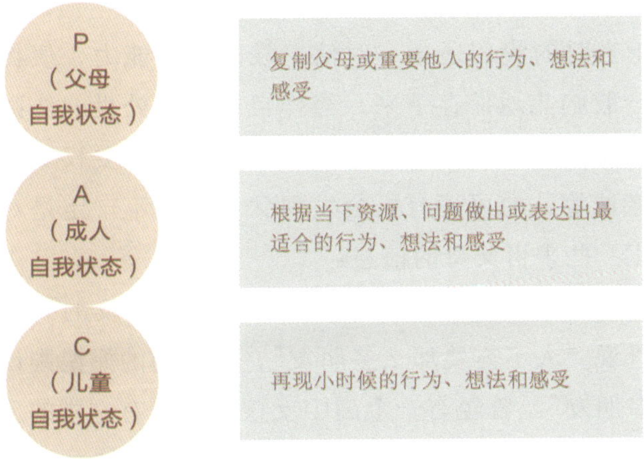

从这个 PAC 模式图中我们可以理解，同一个人在不同情境下的状态是不同的。当一个经理人向他的上司汇报工作时是一种心理状态；晚上下班后，和朋友喝酒时是一种心理状态；回到家，发现孩子闯祸时又是一种心理状态。在这些不同的场合中，不仅他的语调有变化，他的想法、感受和行为也都不一样。

对三种自我状态的详细介绍如下。

1. 父母自我状态（P）

当一个人处于父母自我状态时，他的行为、想法和感受都是在复制他的父母或其他权威人士。

当我们还是孩子时，我们的大脑像录音机一样记录了父母的行为。这其中，有做人的准则，如对朋友要真诚，不义之财不能拿；有好的经验，如要想将来有成就，就一定要努力学习；当然也有他们的教训，如年轻的时候贪图享乐、不思进取，老了一定会后悔；还有他们的恐惧，如被朋友陷害过的人，会告诉自己的孩子不要相信任何朋友。

由于当时的我们还小，对信息没有筛选能力，便将接收到的信息一股脑儿地保存下来，当作自己为人处世的法则。有的孩子会较早离开父母，生命中会出现其他的重要权威人士，如老师、亲戚等，他可能有机会发现父母说的不一定是对的，所以会修正一些来自父母的信息。

还有一些孩子会很不幸地遇到个性完全相反的父母，如内向的爸爸说“人不需要那么多朋友”，而外向的妈妈则说“人应该有很多朋友”。曾经有一个高中女孩儿，就有这样的父母。虽然她的父母已经离婚，但她经常处在这样的纠结之中，按妈妈说的做，爸爸不高兴；按爸爸说的做，妈妈不认同。

如果你在一个团队中遇到不同意见时就会变得紧张甚至害怕，即使事情与你关系不大，依然会让你的身体产生紧张感，这个时候你就要思考一下，你在童年时是不是经历过大人们因为意见不一致而产生冲突，导致你非常害怕沟通中的冲突情境。

父母影响我们的不仅仅是外表，还包括思想、感觉和行为。

这种影响之深，超乎我们的想象。我们从某个人关爱他人的方式，就能感受到他父母对他疼爱的程度；反之，你看到某个人在沟通中不留情面地惩罚或指责别人，也能推断他的父母对他的处罚是否公平或带有偏见。

每对父母跟孩子的沟通方式都是不同的，有的像春天般温暖，有的像秋风扫落叶般冷酷。父母和孩子沟通的方式，就像土壤和气候对于植物的影响，会塑造出不同的孩子。有的孩子温暖热情，乐于助人，朋友很多；有的孩子温和安静，老师欣赏，同学喜欢；有的孩子则像带刺的玫瑰，好话也不会好好说；有的孩子冷漠逃避，待在自己的世界里，拒绝沟通。这些状态都与他们的父母与他们沟通的方式有关。

父母自我状态分为两种。

（1）控制型父母自我状态（Controlling Parent ,CP）

这种状态下的人喜欢控制人、控制事情、控制过程、控制细节、控制结果，习惯于发号施令、指导别人的行为，并非常擅长发现并指责对方的错误。他们的口头禅是“应该”“必须”“你不知道吗”。

处于控制型父母自我状态的积极一面：具有权威感，坚持原则，道德感强，做事有规则等。消极的一面：过分强求、指责别人，对别人禁忌多，惩罚多于保护，有高高在上的感觉，看不起别人，等等。

处在这种自我状态的人，在沟通中常带给对方很大的压力。一旦发现事情失控，他在沟通时就会带有强烈的情绪，并指责对方。

控制型父母自我状态

（2）养育型父母自我状态（Nurturing Parent，NP）

这种状态下的人像妈妈一样温暖，有很强的亲和力，喜欢把别人当成需要照顾的孩子，给予关心、爱护和鼓励，甚至有时会帮别人包办一些事。他们的口头禅是“你怎么样”“放着吧，我来”。

处于养育型父母自我状态的积极一面：关心、爱护别人，有服务精神和献身精神，关心别人多过自己。消极的一面：看不到别人的潜力，有时对别人过分保护。

如果以真诚、尊重的立场来帮助别人，比如同事可能需要帮助的时候，说“这件工作需不需要协助？如果有需要就告诉我”，这就是正面的养育型父母自我状态。如果不顾对方的意愿，漠视别人能力而一一包办，就像生活中那些“令人窒息的母亲”看不到孩子的能力，一味溺爱，就是负面的养育型父母自我状态。

处在负面的养育型父母自我状态的人，在沟通中常会过度关注他人的需求，疏于关注自己。当自己有需求时，又不善于直接、清晰地表达，但会在内心期待别人能想到、做到来满足自己，结果却往往是不理想的。他们会因此感到失落、委屈和不满，这是他们典型的沟通模式。

养育型父母自我状态

2. 成人自我状态（A）

当一个人处在成人自我状态时，他的想法、感受和行为是针对此时此地的反应。他能认真负责地对待当下发生的事情，分析情境、对方和自己的角色，并作出适宜的反应。成人自我状态像一台巨大的电子计算机，主要的功能是积累资料、分析处理数据，并整合资源以应对问题。人处在成人自我状态时，解决问题的方式是非常高效的，并且不会受过去经历的限制，很容易发挥出自己的潜能。

成人自我状态的典型特点是在沟通中公平公正、冷静高效，不会人云亦云，能独立思考并解决问题，较少受到权威人士或情绪的影响。

成人自我状态

3. 儿童自我状态（C）

当一个人处于儿童自我状态时，其行为、想法和感受都是其童年经历的重演。例如，如果你有一个非常严厉的母亲，小时候你每次表现不好，她都会严厉地批评和责骂你，这种童年经历有可能就会让你在成年后害怕与有权威意义的女性沟通。当你在单位遇到一位严厉的女上司时，你面对母亲时的那种反应可能会重演。你把写的报告交给她之前，可能会心跳加速；如果你犯了错误，在进她的办公室前，可能要徘徊很久，这可能是你职场沟通主要的困境之一。

每个人都有儿童自我状态的一面。当一个人以儿童自我状态与他人相处时，他的行为、想法、感受就会像个孩子。由于儿童的语言表达能力还不够强，因此儿童的反应常常是情绪性的，也有一些是躯体性的，如紧张得哆嗦等。所以，当一个人有这样的表现时，常常被评价为幼稚、不成熟、感情用事、任性。其实，儿童自我状态是我们人格中非常重要的一部分，这个状态真实地记录了我们童年的感受，还让我们有着非凡的创造力和直觉力。

儿童可能是淘气的，也可能是听话的；可能是快乐的，也可能是忧伤的。我们当中的任何人，无论年龄多大，可以回想一下，自己有没有出现过孩子一样的感觉、思想或行为？一定会有的。

根据表现和功能不同，儿童自我状态分为两种。

(1) 自由型儿童自我状态（Free Child ,FC)

这种状态遵从人的天性，其表现主要是：率真，自然，有想象力、创造力和好奇心，关注并表达自己的感受，勇于提出自己的要求，不畏惧权威。想做什么就做什么，无所顾忌，如《西游记》里的孙悟空。比如，单位组织爬山，你登顶时兴奋地大声呼喊，这时的你就处于自由型儿童自我状态；当你所在的团队攻克了一个技术难关，大家兴奋地抱在一起大声喝彩，也是自由型儿童自我状态的表现。

自由型儿童自我状态

处于自由型儿童自我状态的积极一面是处事灵活、想象力丰富、创造性强、极富乐观和挑战精神；消极一面是会以自我为中心，有时会过度挑战规则和传统。一个健康、快乐的人，每天应该适当表现自由型儿童自我状态的积极一面。

(2) 适应型儿童自我状态（Adapted Child ,AC)

这种状态是指儿童在年幼时为了获得自身成长需要的东西，使自己的生存环境好一些，就会表现出顺从权威人士制定的规则，以得到关注和认同，降低焦虑和恐惧的行为。

当我们处在适应型儿童自我状态时，多以听话、顺从的姿态出现。例如，《西游记》里沙僧的口头语是“师傅，大师兄说得对啊”“大师兄，就听师傅的吧”。这种状态积极的一面是执行力强，适合在大的组织中工作；消极的一面是太在乎他人的态度，不能承担过大的责任，缺乏灵活性。

举个例子，周五下班前，领导来问你周末能不能加班。你本来安排好了带孩子去郊区，如果你是一个适应型儿童自我状态比较多的人，你可能第一反应就会回答：好，没问题。领导高兴地走了，你却陷入郁闷：好好的一个周末没了，回去怎么跟爱人、孩子解释？你想满足所有人的要求，却发现很难。

这个世界有成千上万条规矩。在日常生活中，我们经常未经思考就会遵守这些规矩。所以，如果处于适应型儿童自我状态的时候太多，你的内心可能会常常充满纠结、矛盾、自责、焦虑和内疚，有着无法表达的愤怒。

另外，需要提醒的是，适应型儿童自我状态还有一种反向表现是叛逆、敌意或拒绝。比如，你让我往东，我偏往西。之所以说这种反向表现也是适应型的，是因为他拒绝和反叛的对象仍然是权威人士的态度，而不是自己的意愿。

适应型儿童自我状态

通过以上分析可以得知，每个人都有5种自我状态，即控制型父母自我状态（CP）、养育型父母自我状态（NP）、成人自我状态（A）、适应型儿童自我状态（AC）、自由型儿童自我状态（FC），这5种状态也被称为沟通中的5个“自己”。

你的5种自我状态在不同的沟通中如何调整

1

1. 在哪些沟通情境下，你的行为、想法和感受很像小时候的自己？

2

2. 在哪些沟通情境下，你的行为、想法和感受像你父母或者其他你认为的权威人士？

3

3. 在哪些沟通情境下，你的行为、想法和感受是单纯针对当时所发生之事的直接反应，与过去无关？

（※ 每项至少在横线上写下一个例子，并记下当时的行为、想法和感受。）

你刚才完成了自我状态模式的第一个练习，已经开始学习一种新的分析自己行为的方法。

当某些沟通情境下，你的行为、想法和感受像小时候的自己，你就处在儿童自我状态之中；当你的行为、想法和感受像你父母或者其他你认为的权威人士，你就处在父母自我状态之中；当你的行为、想法和感受是单纯针对此时此地所发生事件的反应，并能利用自己所有的能力和资源来处理时，你就处在成人自我状态之中。对于以上三种情况，我们可以简单地称为“在儿童里”“在父母里”“在成人里”。当一个人更多地处于“在儿童里”和“在父母里”状态时，有些沟通中的感受是幻想出来的，不是真实的。如果我们根据幻想的事实作了反馈，可能会激发冲突、增加矛盾。

沟通工具箱：PAC 柱状图

为了清晰地呈现我们的人格结构，可以用以下 PAC 柱状图来评估自我状态。请根据自己平时的行为评估一下自己的 5 种自我状态，高度最高的就是你出现最多的自我状态。

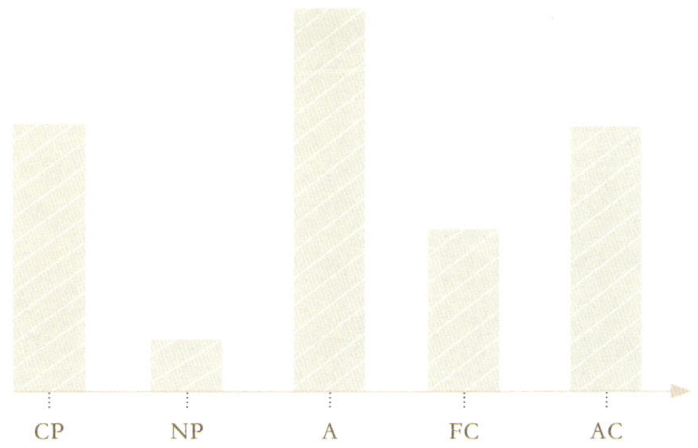

接下来，请做一个测试，看看你的自我状态与你上面画出

来的 PAC 柱状图是否有区别，因为有时我们对自己的主观评估并不准确。

自我状态测试及沟通风格解析 性别：　年龄：

请凭直觉回答以下问题： ✓ 是：2分 ○ 不一定：1分 × 否：0分

（※以下共 5 组问题，每组有 10 道题，每 10 道题计分一次。算出 5 组的得分后，根据得分画出柱状图。）

1. 你会打断别人的谈话，诉说自己的想法吗？（　）

2. 你会对别人严格要求、批判吗？（　）

3. 你会严守约会时间吗？（　）

4. 你会怀抱理想，并努力去实现它吗？（　）

5. 你重视社会规则、伦理道德吗？（　）

6. 你会强烈要求别人尽他的责任吗？（　）

7. 你对小小的差错也很在意吗？（　）

8. 你对他人的教育严格吗？（　）

9. 你认为要求得到权利前，要先尽义务吗？（　）

10. 你会经常说“应该……”“不能……”“你要……”吗？（　）

CP 总分：________

11. 你对别人有强烈的关怀吗？（ ）

12. 你重视义理与人情吗？（ ）

13. 你能常常发现别人的长处与优点吗？（ ）

14. 当别人拜托你时，你很难说“不”吗？（ ）

15. 你喜欢孩子或喜欢照顾别人吗？（ ）

16. 你很容易通融或商量吗？（ ）

17. 你对他人的错误宽容吗？（ ）

18. 你能倾听别人谈话，并容易产生共鸣吗？（ ）

19. 你喜欢做菜、打扫卫生、洗衣服吗？（ ）

20. 你喜欢参加奉献性的社会公益活动吗？（ ）

NP 总分：______________

21. 你会评估自己的损益并采取行动吗？（ ）

22. 你很少感性地谈话吗？（ ）

23. 你作决定时是否经过分析或深思熟虑？（ ）

24. 你会询问正反面意见作为参考吗？（ ）

25. 任何事情你都喜欢根据事实作出判断吗？（ ）

26. 你的谈话是理性多、情绪化少吗？（ ）

27. 你能很快地作出决断而无须烦恼吗？（ ）

28. 你在处理事情时，是快速而有效率的吗？（ ）

29. 你对未来的事情是否会冷静地预测后才行动？（ ）

30. 你身体状态不佳时，是否会爱惜自己而不勉强工作？（ ）

A 总分：__________

31. 你认为自己任性吗？（ ）

32. 你的好奇心很重吗？（ ）

33. 你重视娱乐并追求满足吗？（ ）

34. 对想说的事你会没有顾虑地说出来吗？（ ）

35. 在无法得到自己想要的东西时，你会很难受吗？（ ）

36. 你经常使用“哇”“耶”“太棒了”等惊叹词句吗？（ ）

37. 你会以直觉判断事物吗？（ ）

38. 你兴奋的时候会得意忘形吗？（ ）

39. 你容易生气吗？（ ）

40. 你容易掉眼泪吗？（ ）

FC 总分：____________

41. 心里想的事，你会经常无法说出口吗？（ ）

42. 你希望别人喜欢你吗？（ ）

43. 你为人客气、处事消极吗？（ ）

44. 你是否经常不坚持己见、妥协呢？（ ）

45. 你注意和在乎别人的脸色以及言谈吗？（ ）

46. 你难受的时候都强忍下来吗？（ ）

47. 你会照着别人的期待而努力吗？（ ）

48. 你常常压抑自己的感情吗？（ ）

49. 你觉得自己不如别人吗？（ ）

50. 你觉得现在不像“真正的自己”或“应该有的自己”吗？

（　）

AC 总分：__________

（※ 可以根据 5 组问题的分数，画出 PAC 柱状图，与你自我评估的 PAC 柱状图进行比较。）

现在，介绍另外一种分析方法：可根据测试结果画出自己的自我状态折线图。这里列出了几种常见的自我状态折线图类型，并分析其在沟通风格方面的特点。

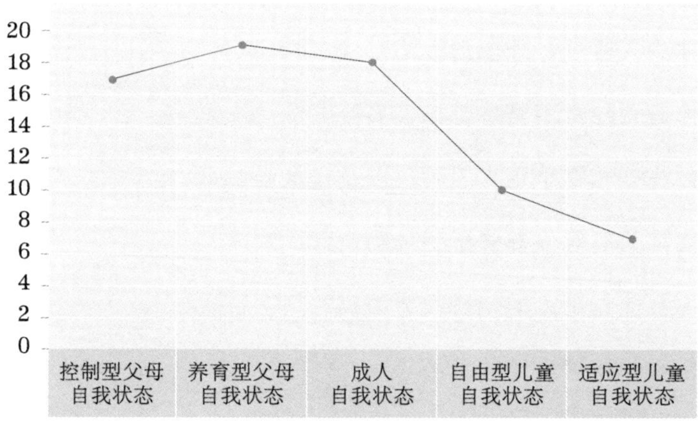

导师型

导师型人的沟通风格解析：

/优势/

从图中可以看出，这种类型的人的成人自我状态和父母自我状态得分都很高，说明他们解决问题的能力很强，对他人的感受也比较在意，控制能力很强。

/劣势/

这种类型的人的儿童自我状态部分得分比较低。在沟通时，他们会有比较强的控制感，会用各种软硬兼施的方式来说服对方，有时会越俎代庖，让对方感觉无处可逃。

/调整方向/

保持边界，通过与对方沟通，给他提供不同的看待问题的角度，相信对方有自己作决定的能力。

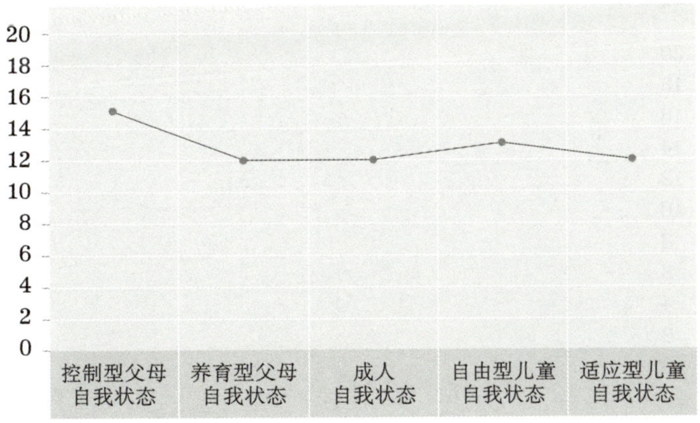

我行我素型

我行我素型人的沟通风格解析：

优势

从图中可以看出，这种类型的人的控制型父母自我状态和儿童自我状态得分都很高，说明这类人很喜欢按自己的感觉“任性地做事”。这类人也具有较强的解决问题的能力，而且在沟通中很有魅力和感染力。

劣势

这种类型的人不太在意他人的感受，容易进入“自嗨”模式。

调整方向

在沟通的时候，别忘了问一下对方“你觉得怎么样”“你有什么想法”。

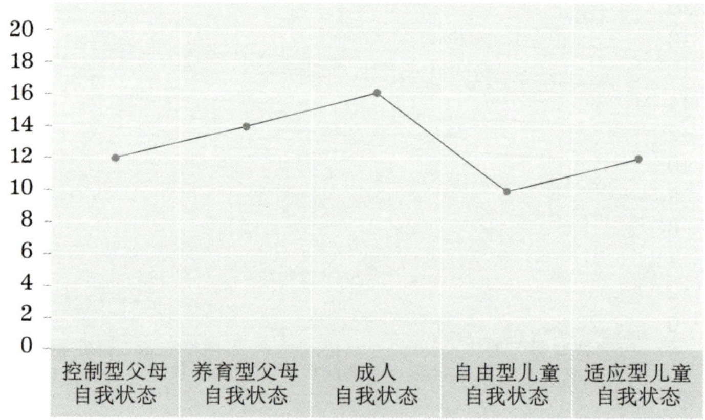

灵活稳定型

灵活稳定型人的沟通风格解析：

/优势/

这种类型的人的各种自我状态相对均衡，非常理性，同时适应能力也很强，在跟不同类型的人沟通时，灵活性和应变能力都很强。这类人最擅长理性沟通，同时对他人的理性程度也有较高的要求。

/劣势/

在沟通中，这类人对他人的理性程度和反应速度都有要求，不喜欢太情绪化的人或反应慢的人。

/调整方向/

在沟通中，要给对方反应时间，允许对方处理自己的情绪或厘清思路。

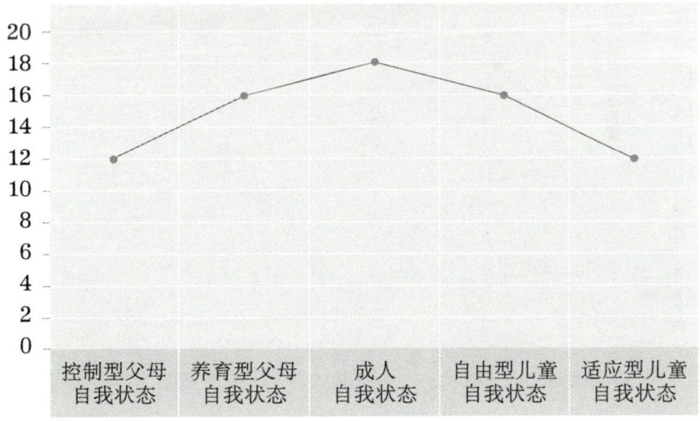

执行型

执行型人的沟通风格解析：

/优势/

这种类型的人的成人自我状态优势最明显，在沟通中非常理性，同时有很好的亲和力和幽默感，容易赢得高度的信任和良好的人际关系。在沟通情境中，最擅长理性沟通。

/劣势/

这类人在沟通中如果遇到情绪不稳定的人，会感觉无助，希望尽快逃离。

/调整方向/

试着多去体会自己的情绪，慢慢学会接受他人的情绪。

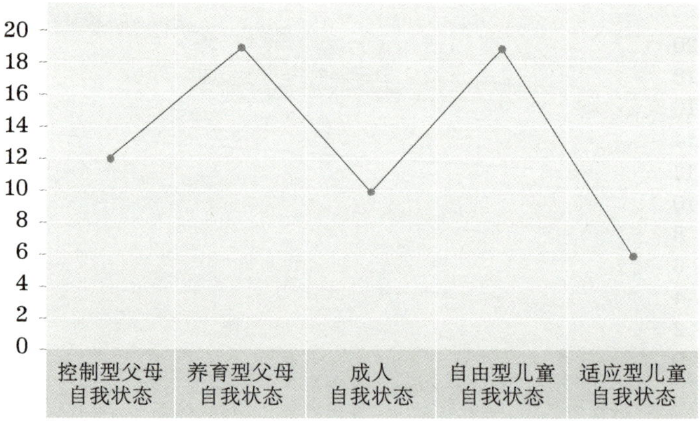

开朗型

开朗型人的沟通风格解析：

/优势/

这种类型的人的养育型父母自我状态和自由型儿童自我状态优势最明显，个性开朗，懂得照顾他人感受。在沟通中，这类人很容易理解并体会他人的感受，超强的幽默感和率性的行为方式也会让他们在团队中非常有感染力。

/劣势/

需要注意的是，这类人的适应型儿童自我状态和成人自我状态的得分较低，在沟通中容易把事情想得简单，比较容易受到环境的干扰，面对变化时的应变能力和接受能力也需要提高。在沟通中，这类人有势在必得的愿望，如果达不到目的，就会有比较大的挫败感。

/调整方向/

在沟通中，多觉察沟通双方的角色和所处环境，收集充分的信息后再表达。

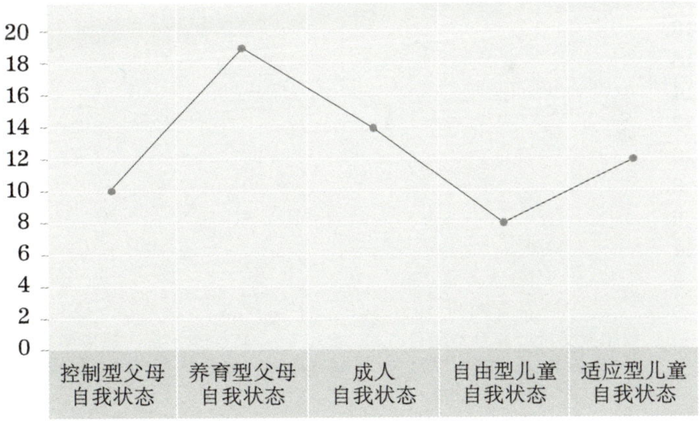

最佳副手型

最佳副手型人的沟通风格解析：

/优势/

这种类型的人的养育型父母自我状态和适应型儿童自我状态优势比较明显，个性温和，同时具有较高的控制感和适应性，在团队中的人际关系会比较和谐，大家也愿意与他们沟通。这类人对沟通结果多持开放性态度，对于建设性合作、独立决策、退缩或是放弃的方式都能接受，在面对突发事件时会保持平静，能接受各种不同的结局。

/劣势/

这类人不喜欢面对沟通中的冲突，有时候为了系统的和谐，会比较隐忍，压抑自己的情绪。

●/调整方向/

要学会在沟通中表达自己的需求，释放自己的压力，允许沟通中的冲突存在。

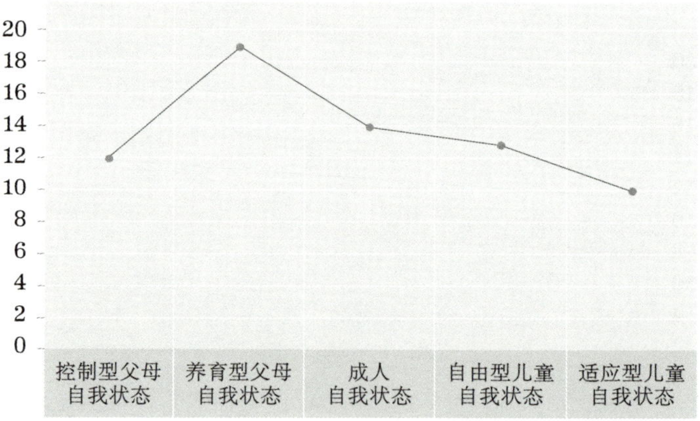

温和型

温和型人的沟通风格解析：

/优势/

这种类型的人的养育型父母自我状态优势比较明显，个性温和。他们在沟通中亲和力强，不强势、不固执。面对变化时，内心不会有太大的起伏，能冷静应对情境，不受过多的干扰。

/劣势/

这类人在沟通中会讨厌过于强势和喜欢控制的人，对这类人容易带有偏见。

●/调整方向/

让自己去接受强势和喜欢控制的人是自我力量的一种表达形式，也可以允许自己用这种方式表达自己的需求，展示自己的影响力。

重要提示：

1. 每种沟通风格的人都有自己的优势和劣势，没有好坏之分。
2. 沟通风格不是固定不变的，会随着年龄和阅历的变化而不断改变。
3. 以上分析仅供参考。

三、沟通中的两种目的

人与人之间为什么要沟通？很多人的回答是“解决问题”，就是要通过沟通达到自己的目的。其实，这只是沟通的目的之一。沟通的另一个更根本的目的是增进关系，这才是我们沟通的真实目的。我们需要通过沟通验证我们的存在感，而解决问题只不过是随后产生的结果。

在沟通时，我们一定要做好两种准备：能解决问题或者不能解决问题。当我们把解决问题当成沟通的唯一目的时，就不可能关注到对方的需求。不仅如此，因为过于执着于解决问题，反而有可能破坏关系。所以，当我们在沟通时，一定要记住，即使不能解决问题，也不要破坏关系。

第二节

沟通的三种类型

根据沟通双方互动方式的不同，可将沟通分为三种基本类型：互补沟通、交错沟通、隐藏沟通。

一、互补沟通

艾瑞克·伯恩将互补沟通描述为“适宜的也是预期中的沟通方式，同时它遵循正常人际关系的自然法则”。

沟通情境 1

夫：今晚去吃什么？

妻：去吃烤肉吧，你上次说这几天吃得太素了，你肯定早就想吃肉了！

这是一次沟通双方相互以成人自我状态进行的交流。丈夫的话是探索性的，也体现了对妻子意见和喜好的尊重。妻子把丈夫过去说过的话记在心上，她的回答把丈夫的愿望和自己的意图统一了起来，既坦率地表达了自己的观点，也表达了对丈夫的体贴。这种以成人自我状态进行的交流是成功的，对促进双方良好的关系起到了积极作用。

沟通情境 2

夫：头痛死了，今晚不想吃饭了。

妻：怎么了？是不是病了？喝一杯热水，先去躺会儿。

一般来说，头痛并不是什么大不了的病，作为一个成人，是不必唉声叹气、叫苦连天的。显然，丈夫是以儿童自我状态对待妻子，企图得到母亲式的关怀和照顾。妻子以父母自我状态对待丈夫的儿童自我状态，正好满足了“儿童”的需要，所以这次交流是成功的，双方都满足了对方心理上的需要。其实，很多人分享幸福婚姻的秘诀时说到的“包容”就是这种情形，即当一方流露出不够成熟的一面时，另一方能理解、照顾。

沟通情境 1 和沟通情境 2 中描述的都是互补型的沟通。互补沟通有以下两个特点：一是被指向的自我状态与作出回应的自我状态相同；二是被指向的自我状态与作出回应的自我状态互补。

互补沟通情境下的沟通双方之间的信息交流状态是平行的，如以下两图所示。

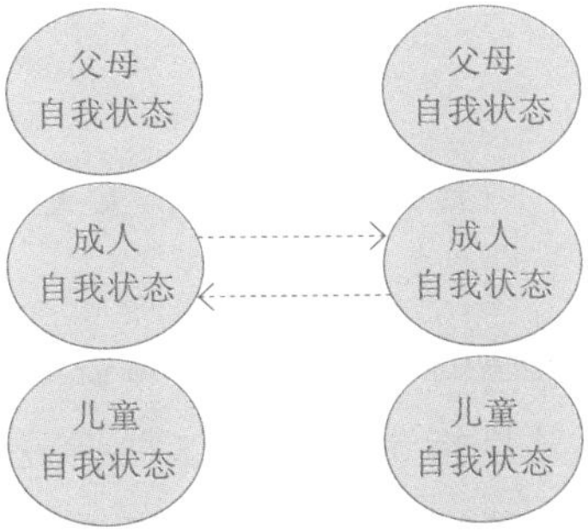

沟通情境 1 的平行沟通线

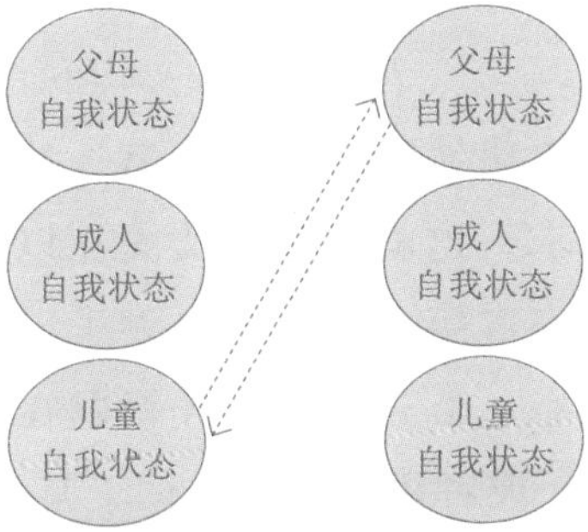

沟通情境 2 的平行沟通线

二、交错沟通

当一方发出对话时，另一方给予了非预期中的反应，发起的一方可能会退缩、逃避或转移，交错沟通就出现了。交错沟通背离了沟通的初衷，而且人际关系的痛苦也经常来源于此。在父母和孩子、丈夫和妻子、领导与下属、同事之间进行沟通时，如果一个人为了获得某种关注发起沟通，最后却没有获得预想的结果，他就会有挫败感，觉得自己被漠视了。

沟通情境 3

夫：车钥匙呢？

妻：我怎么知道，上午你开的车，天天丢三落四的！

丈夫的话是探索性的，属于成人自我状态。但妻子并没有答复他的疑问，而只是指责，并且这种指责有点过分。丈夫的成人自我状态需要妻子以成人自我状态进行回应，妻子却以父母自我状态指向丈夫的儿童自我状态，两者交叉，就使得本次交流不成功，而且有可能会妨碍下一步的交流。这种类型的沟通就属于交错沟通。

如果要使交流成功地继续下去，第一种方式是丈夫做检讨或者向妻子提出恳求，这就意味着丈夫在以儿童自我状态回应妻子的父母自我状态。第二种方式是妻子以成人自我状态回应丈夫的成人自我状态，首先告诉丈夫钥匙在什么地方，或者表示愿意帮助他寻找，或者说她现在正忙于某件事，不能替他找，说声“对不起”等，这样的沟通才是互补沟通。

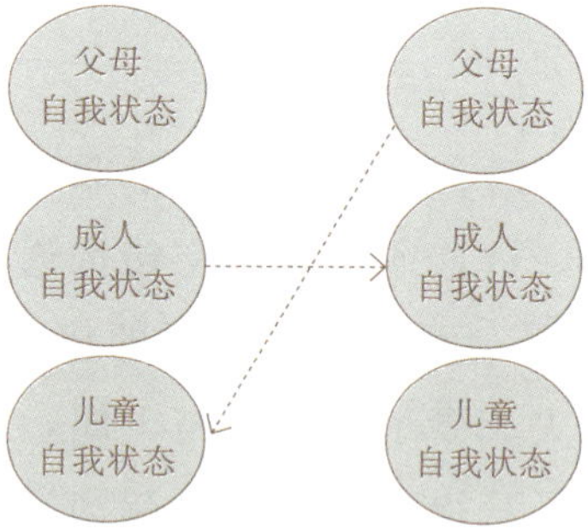

沟通情境 3 的交错沟通线

三、隐藏沟通

隐藏沟通传递两种信息，一种是社会层面的信息，另一种是心理层面的信息（这个部分是隐藏的）。而真正决定沟通是否能顺利进行的，是心理层面的信息是否被接收到。

沟通情境 4

销售员：这是今年最流行的款式，而且是限量版，不过您是教师，这件衣服可能太时尚了，会不会不太适合您的身份？

顾客：时尚有什么不好，我下班的时候可以穿，就要这件了。

当销售员这样说时，我们知道她有其他的含义：衣服很好，不过你们这个行业的人比较保守，你敢突破自己吗？顾客感受到被挑战，这就是隐藏沟通。隐藏沟通最复杂，在中国文化里应用得也最多。它有别于平行沟通和交错沟通，在一次沟通中，涉及一个人两种以上的自我状态。

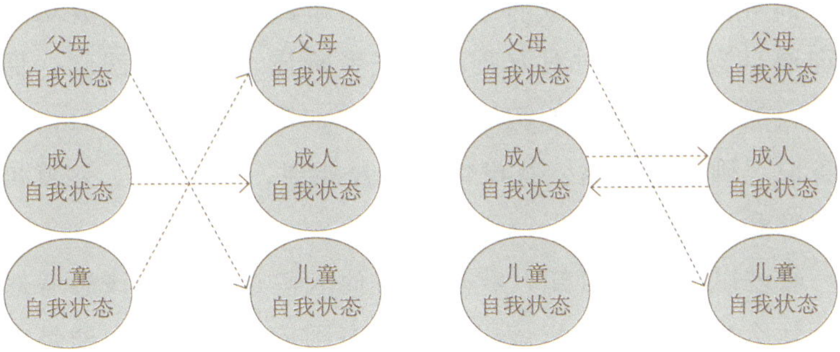

沟通情境 4 的多种沟通线

在沟通情境 4 中，表面上销售员的沟通发自成人自我状态，但实际上她在以父母自我状态指责顾客“你太保守了，不敢尝试”。如果顾客这个时候保持成人自我状态，会认真地想一想，然后回答：“嗯，这衣服确实很好，不过对我而言，没什么场合适合穿。我还是不要了。”但如果顾客的儿童自我状态接收到了挑战，就会如例中所答。这就构成了一个完整的隐藏沟通。

很多时候，隐藏沟通是以社会接受的方式表达的，如下面的沟通情境 5。

沟通情境 5

小赵：王哥，下班后怎么走啊？

老王：你小子，又想搭车吧？说吧，去哪儿，我送你。

沟通情境 5 中的小赵与老王很熟悉，小赵真正想表达的是像儿童一样发出请求“你能带我吗”，老王接收到之后，沟通就愉快地进行了下去。在沟通情境 4 和沟通情境 5 中，沟通的另一方都听懂了对方隐藏的意思，并给予回应，这属于成功的隐藏沟通。当然，有时对方听不懂或者听懂了但并不回应，那就是失败的隐藏沟通。如沟通情境 4 中，销售员说完话后，顾客回答说“确实不合适，我没什么场合能穿，算了吧”，这就是失败的隐藏沟通。

通过以上内容可知，我们在与他人沟通时，应该思考对方处于什么状态、自己应该以什么状态回应。所以，沟通是有技巧的，是有理论依据的，我们要依据情境来选择自己合适的沟通状态。有的人会说：这不就是见什么人说什么话嘛，我不想成为一个圆滑的人。其实，这是用道德感来推卸自己对沟通应该负的责任。沟通是双向的，如果你想达到一定的目的，如果你想留给对方好的印象，如果你想增进关系，就要关注对方的需求和对方的状态，并且因此来调整自己。

第三节

沟通中的心理地位

在成长的过程中，我们会对自己和周围的人产生某些坚定的信念。这些信念会持续一辈子，可以简单分为：

- 我是好的。
- 我是不好的。
- 你是好的。
- 你是不好的。

把这几种信念组合起来，我们可以得到关于自己和他人的4种看法：

- 我好，你也好。
- 我不好，你好。
- 我好，你不好。
- 我不好，你也不好。

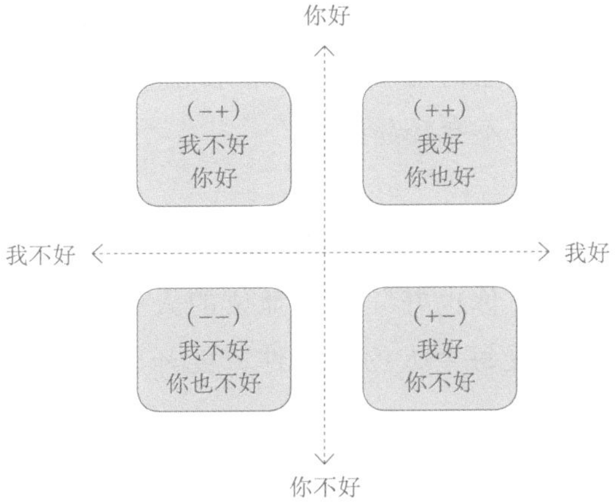

4 种心理地位示意图

我们把这 4 种看法称为心理地位，以说明“你”和“他人”在你心里的位置。心理地位是人存在的基本态度，代表一个人从什么立场来感知自己和他人的基本价值。也就是说，一个人用什么标准来判断自己是有价值的、是好的，别人是有价值的、是好的。

心理地位就像一个人的心理脊梁，如果我们的心理地位处在一个比较积极的、正向的选择里，那么无论在什么情况下，无论我们面对什么样的人、面临什么样的事情，我们的脊梁都是挺直的。但是现实中，当我们处在一个不利的位置上，或者见到在某方面比我们强的人时，比如见到比我们富裕的人或者比我们漂亮的人时，我们的挫败感或者压力感就会油然而生，不由自主地觉得在人前矮了一截。

心理地位是我们人生的基石，孩子一旦接受了某种态度，就会把整个人生建立在这个基础上。一个牢牢认为自己“我好”的人，在大多数沟通情境中，都会很自信，敢于直接表达自己，遇到权威的否定也不会轻易退缩。

一、我好，你也好

持有“我好，你也好”心理地位的人会客观地接受沟通中彼此的差异，接受每个人的特殊性，能开放性地沟通，建设性地解决问题。

二、我不好，你好

持有“我不好，你好”心理地位的人遇到沟通中的冲突时，总是容易否定自己，归罪于自己，在沟通中常常感到沮丧。另外，处于这种心理地位的人一方面希望通过沟通得到别人的帮助，另一方面又不能清晰、坦然地表达自己的需求，导致别人无法明白他们到底需要什么帮助，最终他们总是对自己得到的帮助不满意，于是慢慢地开始逃避沟通。

三、我好，你不好

“我好，你不好”和“我不好，你好”这两种心理地位可能会同时出现在一个人身上。也就是说，当他们面对比其更权威的人时，会处于“我不好，你好”的心理地位；面对那些比他们弱的人时，他们马上就会变成“我好，你不好”的心理地位。

持有“我好，你不好”心理地位的人认为，在沟通中必须把对方压下来，自己才能出头。他们看不到自己的弱点，极力想否定别人的优点，总是以高高在上的态度对待别人，表面上看似强势，但因为时时要掩盖自己的不足，会经常性地处在紧张状态之中，不会放松自己。

另外，持有“我好，你不好”心理地位的人相对来说会有一些傲慢，看问题会有些偏执。他们的眼睛好像一个放大镜，能够特别稳、准、狠地看到别人做的事情里的一点点瑕疵。这类人在生活中比较容易讥笑配偶、否定孩子，难以结交到好朋友或者有稳定的朋友关系，因为他们总会觉得这个朋友身上有问题，那个朋友身上也有问题。持有“我好，你不好”心理地位的老板会不停地炒掉雇员，因为他觉得所有人都达不到他的要求。生活中每个人都可能出错，不可能具备所有的能力，也不可能完美地解决所有问题。但持有“我好，你不好”心理地位的人，对这些情况的包容性就会差一些，有时候甚至会想象出一些错误来，或者是把一些很小的错误放大。

四、我不好，你也不好

持有“我不好，你也不好”心理地位的人相信人生是徒劳无益的，对自己充满了失望，认为自己是没有价值、不可爱的，也不相信别人会帮助自己，因为别人也是不好的，所以他们的一生都处于拒绝别人和被别人拒绝的沟通情境里，跟他们沟通的感觉好像在面对着一堵墙。

每个人通常会具有一种主要的心理地位，也会不同程度地具备其他 3 种心理地位。这 4 种心理地位分别代表着不同的沟通风格：开放型沟通、逃避型沟通、偏执型沟通、失望型沟通，用象限图表示如下：

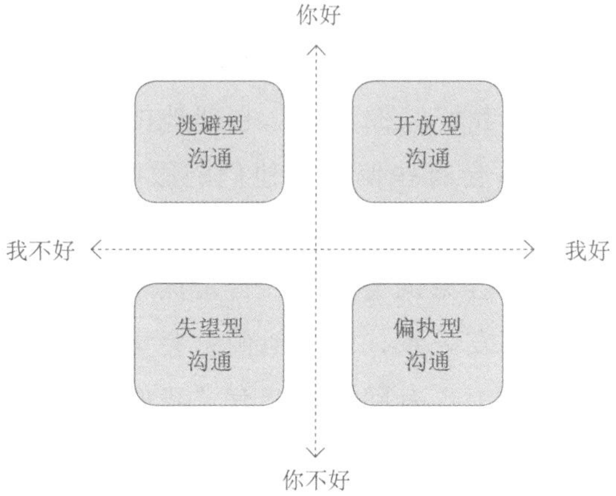

第四节

安抚在沟通中的作用

沟通中，我们最想获得的是什么？

小鱼面试一份工作失败，心情很不好，打电话给好友。好友在电话里说："嗯，那是挺郁闷的，你现在在哪儿？明天休息吗？明天我有一整天的时间可以陪你，我们可以去泡温泉，也可以去爬山，我去接你。你喜欢哪个？"

听完她的话，小鱼感到温暖而平静，像小时候被母亲的手轻轻抚摸。好友是一个很善于给他人正面安抚的人。一段时间不见，她会打电话问："你最近怎么样啊？"看朋友圈知道小鱼出差，也会问："你适应那里的气候吗？"

在好友这里，小鱼很有存在感，她知道自己很重要，并且知道好友理解自己，而且喜欢听自己说话。对小鱼来说，这样的沟通是她最需要的，能有效地缓解压力、获得力量。

一、人为什么需要安抚

每个人都需要他人的抚触和回应，这种来自身体和心理的需求，我们称为饥渴，而安抚就是为了满足这种饥渴而做出的关注他人存在的行为。

出门碰见邻居，你俩互相问好，是在交换安抚；见到老朋友，亲热地握手是一种安抚；到了单位，领导表扬你昨天完成的工作，是一种安抚；回到家，妻子指责你又忘了买菜，也是一种安抚。只不过，前面都是正面安抚，让我们感受到愉悦和满足，最后一个是负面安抚，让我们产生挫败感。

在出生的时候，每一个人都经过了一段长长的艰难历程才得见天日，是最初的正面安抚（主要是指身体的正面安抚）让我们对这个世界产生了信任感和安全感。心理学家马斯洛称安抚为最适宜的刺激，并把它与食物和水一起列在了人类需要之首。

婴儿刚出生的时候，得到了妈妈的很多抚触。心理学家温尼科特说:“从来没有婴儿这回事，也就是说，当你看到婴儿的时候，一定同时看到照顾他的母亲。”一个人婴儿时期有没有得到妈妈或如妈妈一样的养育者足够的身体安抚，是他拥有健康心理的首要条件。在婴儿还没有形成语言之前，他的安全感以及对世界基本的信任，都取决于身体所需要的抚触是否被满足。

婴儿必须接受外人的抚触方能自然成长，这种需求通常可在父母替他换尿布、喂东西、扑粉、抚摸和拥吻时得到满足。

抚触能刺激婴儿体内的某种化学物质分泌，促进其生理和智力的发展。婴儿若被忽视、冷落或肢体不曾接受足够的抚触，则将遭受精神上及肢体上的损伤，甚至死亡。

有一个真实的案例。苏珊的爸爸把她留在一所大规模的儿童医院时，她只有 22 个月大，那时她只有 15 磅重（相当于 5 个月大的婴儿的平均重量）。她不会爬，不会说话，如果有人靠近她，她会哭着往后缩。

当社会工作人员去她家里调查时，她的妈妈抱怨说："我不想掩饰，我就是不喜欢她。"她说苏珊不喜欢被人抱着，她已经不愿意抚爱苏珊了。对于苏珊精神上和生理上极度的迟滞，检查不出任何生理原因，最后的诊断结果是"被剥夺母爱之并发症状"。医院请来一位自愿代替苏珊母亲的妇女，一天 6 个小时，每周 5 天，抱她、抚触她、喂她、跟她玩，让她充分接受抚爱。2 个月后，虽然苏珊仍然表现迟滞，但高度发展了情感反应。她重了 6 磅，运动能力增强，能爬、能走。温柔关切的照顾显著影响了苏珊。

如今，这个方面的研究已没有争议，我们都知道从小给予孩子身体安抚的重要性。但人长大以后，就不再需要身体上的安抚了吗？肯定不是，只是我们羞于要求，由于文化的影响，我们并不善于在成年人之间表达这种身体安抚的需求，但其实我们是需要人与人之间的拥抱和抚触的。

随着孩子的长大，对抚触的需求变为对认可的需求，一个微笑、一个点头、一个皱眉、一句话等取代了身体上的抚触。而这些行为，无论是正面还是负面，都刺激着孩子的大脑，也能防止一个人的神经系统萎缩。

二、安抚的类型

1. 正面安抚和负面安抚

语言上的正面安抚通常属于互补沟通，它是直接的、对方恰好需要的。正面安抚使对方感到舒适、有生命力、灵敏和重要性。它更可使人有幸福感、愉悦感，认可自己。和这些匹配的感觉是善意的亲切感，以及“我很好，你也很好”的心理地位。如果安抚与事实真实地、坦诚地配合，而且恰到好处，将能提升一个人的自信心，发展他的“胜利者特质”。

父母若是自然地对孩子说“嗨！我爱你”，便正面安抚了孩子；管理人若直接坦率地回答下属的问题，是正面安抚了下属；一位营业员若问候顾客“早安”，也正面安抚了顾客。

正面安抚有时是一种表达感情或欣赏的行为：“我喜欢你！”“我很高兴认识你。”“你把这个报告写完，真是帮了我一个大忙。”

正面安抚有时是称赞：“能有你相伴真是荣幸！”“你的插花真漂亮！”“你的游泳技术真好！”“你们是个很棒的团队！”“你的逻辑真清楚。”

正面安抚也可以让一个人知道自己的能力，帮助他进一步了解自己独有的才能和潜力。例如，一个父亲要孩子修整草坪，然后说：“你做得真好，我很欣赏！”他正面安抚了孩子，而且也让孩子知道了自己特殊的能力，这使他固守一个胜利者的心理地位。

语言上的负面安抚一般是交错沟通，它通常不是对方所期待的。它会令人产生挫败感，怀疑自己的能力、重要性和价值，容易让人进入“我不好”的心理地位。获得太多的负面安抚，人会越来越自卑，形成一种“输家特质”。

在心理咨询中，来访者经常会被问到一个问题：当你的父母对你满意时，会怎么表达；当他们对你不满意时，又会怎么表达？大部分来访者都回应说，满意时一般不说，不满意时就是生气、不说话或者打骂。由此可以看出，过去的很多父母不善于给予孩子正面安抚。

2. 语言安抚和非语言安抚

语言的安抚可以从简单的“哈啰”到一长串对话。非语言的安抚则如招手、点头、握手或是彼此拥抱。受中国传统文化的影响，中国人并不擅长给予非语言的安抚。

3. 有条件的安抚与无条件的安抚

所谓有条件的安抚是根据你做了什么而给予的，无条件的安抚则是根据你是谁而给予的。例如，无条件正面安抚：“你真好。”有条件正面安抚：“你每次都给我送花，太贴心了！”有条件负面安抚：“我不喜欢你这么大声说话。”无条件负面安抚：“我恨你。”

我们大部分人得到的是有条件的安抚：我要是评上职称，我就是好的；我让妻子满意，我就是好的；我让孩子进了重点小学，我就是好的；我有能力给父母买大房子住，我就是好的……所以，大多数孩子都是在有条件的安抚下长大的。这就能解释为什么孩子在拍满月照的时候，都有一种“君临天下”、气定神闲的气势，因为孩子刚刚出生时，天生是有力量的、安全的，得到的无条件安抚很多。在长大的过程中，孩子被父母的要求、老师的指责和社会的评价所限制，状态就会有所变化，因为外界用了很多的条件来打击孩子的“我好”。

三、沟通中常用的正面安抚

1. 目光接触

温尼科特说：“婴儿仰望他的母亲，在母亲眼里看见他自己。”孩子在母亲的眼里确认自己的存在，最后形成人格。你看着我，我看着你，目光的接触能确认我们是否彼此认同和喜欢。当我们和别人交谈时，如果他不看你，我们很难相信他重视你、喜欢你。每天花点时间看看你身边重要的人吧，否则你既无法接受别人对你的目光安抚，也无法用目光安抚别人。

2. 倾听

心理学家卡尔·罗杰斯曾说：如果有人倾听你，不对你评头论足，不替你担惊受怕，也不想改变你，这多美好啊。正面安抚的方式之一就是听别人在讲些什么。

最有效的倾听是把全部注意力集中在谈话者身上，这种技巧是可以训练和学习的。很多缺乏觉察力的人便不会发展这种技巧。因此，孩子抱怨“父母从不听我说话”；父母抱怨“孩子从不听我们说话”；丈夫或妻子抱怨“他（她）从没真正听我说过话”；上司抱怨“任何一件事，我都得告诉他上百次”；下属抱怨“上面的人从不听我们说话”。

在倾听的时候，要耐心地让别人把话说完，多占你一些时间也没关系。如果你真的没有足够的时间听对方说完，可以在一开始就直接表达出来：我今天 10 点还有会，所以我只有 40 分钟。如果不够，我们还可以另约时间。

3. 使用最小激励

最小激励包含语气词“嗯”“哦”等，还可以重复对方话语里的关键词，以鼓励对方说出更多的信息，也表明你与说话者在同步共情。

4. 记住和称呼对方的名字

被别人清楚地叫出名字是一种很好的感觉，而被记错名字或者被人乱叫一些称呼，是令人不愉快的。从出生到死亡，很多时候，我们的名字就代表了我们自己。有意识地记住并清晰地称呼对方的名字是对人的尊重，当然有的时候不适合直呼其名，可以加上头衔或者其他称呼，但要适合情境。

5. 经常和他人保持联系

越来越快的节奏让我们没时间写信，没时间见朋友。“忙”成了我们的口头语。现在大家也知道，愿意花时间和你相处的而不是只给你花钱的人，才是真正在意你的人。

6. 提出问题

和别人谈话时，适当地提出问题，让对方感受到我们愿意去了解他们。这样关系才能有所进展，双方都会获益。

7. 放松

在沟通时，保持自己的自由型儿童自我状态，提升幽默感，让自己和对方都放松下来。

四、安抚经济观

安抚实际上是沟通中可以无限量供应的产品，我们完全可以随时随地向别人提供对方需要的安抚，但实际生活中却不是这样的。无论是家庭还是职场，我们都不太容易得到自己需要的安抚——认同、支持、欣赏和帮助，因为我们自小就被父母教导5个限制的原则：

- 有人需要安抚的时候不要给他。
- 自己需要安抚的时候不可以向别人要。
- 不要接受别人给你的安抚。
- 不能拒绝不想要的安抚。
- 不可以自我安抚。

这5个原则叫安抚的经济观。之所以叫经济观，是因为父母为了能控制小孩，把原来可以无限提供的安抚转化成供应不足的情形，使孩子要付出很高的代价才能得到，这样父母就能成为安抚的独裁者。由于小孩知道安抚是生存必需品，就学会了照着父母的要求来做。这就是有条件的安抚的来源。

中国的很多孩子从小就被教导第5个限制原则——不可以给自己安抚。父母说："不要卖弄，吹牛是很不好的。"学校也这样教导，当我们考试考得很好或竞赛得奖时，别人可以称赞我们，但自己顶多只能耸耸肩、客气地说："喔，这没什么啦。"长大以后，我们仍然继续这种适应型儿童自我状态的表现，大多数人都会看轻自己的成就，这样做就限制了一个很重要的安抚来源——自我安抚，结果把生活都耗在缺乏安抚的状态之中，也把自己的精力都放在寻求安抚上。

实际上，我们应该知道，我们彼此之间安抚的供应是无限量的。我们可以在想给安抚的时候就给，不论给多少都不会耗尽。当我们想要安抚时，可以自由地要求。别人提供安抚时，想接受就接受，不想接受就可以清楚地拒绝，还可以自得其乐地给予自己安抚。

第五节
沟通中的漠视现象

在同一间房里的几个人可以做这样一个测试：闭上眼睛，想一下房间里有些什么。结果发现，每个人记住的东西都不一样，而每个人都会忽略一些东西，这就是人对外部客观世界的主观反应。每个人主观反应的差异，就与漠视有关。

一、什么是沟通中的漠视

在上面的测试中，每个人都像戴了过滤镜，会过滤掉一些东西，而且每个人过滤掉的东西都不一样。这种过滤有时会让我们忽略存在的问题，有时会让我们忽略解决问题的资源。总之，人们会无意识地忽略有助于解决问题的各种信息，沟通分析心理学把这种现象叫作“漠视”。这样的漠视也经常发生在沟通过程中。

二、漠视与被动行为

在沟通中，我们可以发现以下四种不同的漠视：一是漠视问题的存在；二是漠视问题的重要性；三是漠视改变的可能性；四是漠视个人的能力。

举一个例子，妻子说："他从来不听我说话。"丈夫会有不同的反驳。漠视问题的存在的反驳："没这事，哪次我都听。"漠视问题的重要性的反驳："多大点事，翻来覆去说。"漠视改变的可能性的反驳："老夫老妻了，大家不都这样嘛？人家都能这样过，就你事多。"漠视个人的能力的反驳："听了有什么用，我的建议你也不认同。"

沟通中出现了漠视现象时，人们常会用以下被动行为回应。

1. 什么也不做

婚姻中的很多男人都有这样的行为，当妻子因对他的行为不满而喋喋不休时，男人会觉得自己怎么努力也没用，索性选择沉默，不说也不改变，甚至慢慢连基本的家庭义务也不再承担，因为他感觉到对方漠视了自己的价值和努力，所以放弃。

2. 过度适应

过度适应是指习惯性地承担一些不需要自己承担的工作。比如，有人找到你要求换班，你习惯性地答应，还会认为自己是经过思考的；领导生气了，你习惯性地出来打圆场，上去泡茶，认为这样才安全。其实没人要求你做这件事，但你会觉得这是必须的。其实，在这种情况下，你漠视了有改变的可能性。

3. 烦躁

我们经常在开会的时候看到有的人不停地抖腿、玩笔，这个时候的他们是感受到自己不舒服，但没办法解决，只能通过一些无目的的重复动作来缓解自己的不舒服。有的妈妈太能说，说起来语速快还不停顿，也会导致孩子出现烦躁的行为。

4. 无能或者暴力

在沟通中出现冲突时，有人选择放弃，有人选择使用暴力。漠视现象越严重，出现暴力的可能性就越大。

环境、自己和他人是沟通中的三要素。沟通时，首先要对自己所处的环境有所觉察，其次要关注到沟通中的他人，最后是自己在沟通中的角色。

生活中有很多人说“我以为我跟你说过了”，但实际上他们只是在心里想了一下。有的人表达时，没有确认对方是否在认真听，比如问对方“现在时间是否方便”“环境是否合适”，他们只在意自己说了。表达完后，他们不会确认对方是否理解了，这样就导致沟通中有效信息的传递层层递减，产生各种漠视现象。

第六节

沟通中的时间结构

人与人沟通的时候，度过时间的方式分为6种，分别是退缩（withdrawal）、仪式（rituals）、闲谈（pastime，也译为“消遣”）、活动（activities）、心理游戏（games）和亲密（intimacy），也被称为时间的6种结构。

一、退缩

退缩指的是人在心不在。当一个人处在退缩的情形时，即使他和别人是在一起的，他的身体处在系统中，却没有和其他成员发生交流。他可能在想自己的事：一会儿我约了谁吃饭，要去哪家馆子呢？他可能想起了昨天的事：我怎么又和老婆吵架了呢？他可能做着白日梦：有了500万元我怎么花呢？单位开会的时候，很多人是在退缩状态下的。被大人过度关注的孩子有时候也会处于退缩状态，对大人的话充耳不闻。

当一个人在人际交往中处于退缩的状态时，别人根本看不出来他在想什么。这种方式也有好处，由于他没有参与沟通，心理上就避免了被拒绝的危险，也避免了沟通中可能的冲突。同时，他也可以有时间关注自己。

但如果我们在人际交往的情境中总是退缩，也可能是另外一种原因，如觉得自己不够重要，或是想着自己不属于这个团体，所以就处于游离状态。也就是说，可能你并不享受在关系中的时间。如果你想改变，就要去思考一下自己从小到大在人际互动中的感觉，尤其是在亲密关系中是否得到了足够的关注和重视。如果自己接受这种状况，那也没问题。

二、仪式

维基百科对仪式的解释：对具有宗教或传统象征意义的活动的总称。

一般来说，仪式有以下几个作用。

①转化，帮我们准备好走入另一种时间、空间和角色，如结婚仪式。

②确认和确立权力关系，如就职典礼。

③帮助人们按照社会规范表达情绪、抒发感情，如丧礼。

还有一些暂时的中间状态，如情人节、端午节，让我们暂时离开常规的生活，进入一种想象的空间，去演绎或暂时享受一些想象中的角色和故事。

从沟通分析心理学的角度来看，这是人们在一起度过时间的一种方式，是一种单纯而固定的互补沟通。在这个过程中，每个人对自己的角色是清楚的，对自己该做些什么、对方会做些什么、自己会得到哪些安抚都是了解的。

仪式有时会跟亲密感结合在一起。好的仪式，能让我们体会到亲密感和自己的重要性。有很多家庭除了重视传统的仪式，还自己发明了很多节日，如夫妻之间相识的日子、孩子的成人礼等，很多人把这些小而温馨的仪式称为生活中的“小确幸”（网络语，小小的、确定的幸福）。

每个人在成长的过程中，都会学会符合文化背景的适当仪式。在中国南方沿海城市里，祭祖是大事，而北方已经基本没有这种风俗。对于有的家庭来说，生日是大事，要隆重地庆祝，而有的家庭从来不过生日。需要注意的是，你对仪式的态度或者家人之间对仪式的差异是否会影响彼此之间的沟通。

三、闲谈

闲谈是指人们在一起谈一些无害的话题来打发时间。闲谈的内容不像仪式那么僵化，闲谈的人有自己的空间来谈自己想谈的话题。

闲谈的一个特点是常常谈过去的事，可能讨论昨天在某个地方发生的事，而不是谈此时此地的事情。另一个特点是谈别人的事，而不涉及沟通的双方，比如“嗯，你听说了吗？某某怎么样了”，俗称“八卦”。

闲谈还会谈和自己有些关系但又不直接影响自己的安全话题，如政局、天气、足球等，英国人最有名的闲谈话题就是天气。

闲谈主要是为了提供正面的安抚，也是建立关系必要的一个步骤。在社交时，闲谈还有另一种功用，就是让大家有机会看看，适合跟谁发展进一步的关系。

四、活动

活动常指人们在一起时想做的、要做的或必须做的事情。

在活动中，大家会把精力用在某个实质的目标上。活动成员有明确的目标要完成，而不只是坐着讨论，这是活动和闲谈的区别。同时，活动大多是为了完成某些目的。

在工作场合，大部分时间都用在活动上。在生活中，有的家庭在一起会有很多的活动，如一起做饭、购物、出门旅游、锻炼身体或者开家庭演唱会等。

从活动中所得到的安抚，包括正面有条件安抚和负面有条件安抚。安抚通常不是马上就可以得到的，要等活动结束后再看效果。有时，因为兴趣和个性的差异，系统中的每个成员在活动中得到的安抚都不相同。有人喜欢、有人不喜欢是常有的情况，需要懂得兼顾。

五、心理游戏

心理游戏是人际沟通中很常见但非常有害的一种模式，我们常常深陷其中而不自知。心理游戏开始于两个人相处时一连串隐匿的交流与沟通，就是说的话表面一个意思，背后还有另一个意思。先看下面的案例。

国庆节长假到了，生活在北京的萌萌夫妻俩商量回家的事。他们的老家在相邻的两个城市。

丈夫：先回我们家吧，我回去还要参加同学聚会。

萌萌：那我家呢？（默默地想：我们只能回去 3 天，先回你家，还有空回我家吗？）

丈夫：回来的路上可以回去啊！

萌萌：只有 3 天，第一天到家，第二天你聚会，第三天就该回来了，怎么回我家？

丈夫：聚会完可以回去啊。

萌萌：谁知道你们聚到几点，你到时候经不住劝，喝酒了怎么办？

丈夫：你怎么知道我喝酒？

萌萌：你哪次不喝？反正就是你的事最重要，你家也最重要，每次都是先回你家！

丈夫：你怎么胡搅蛮缠？“五一”不是先回的你家吗？

萌萌：你说谁胡搅蛮缠（开始哭）？干脆谁家也不回了。

丈夫：不回就不回。

夫妻俩就回家这事有一连串的交流，整个过程结束后，两个人的感受都很不好。

在他们出现很不舒服的感受前，两人看起来是在就事论事，但妻子先成了迫害者，在指责丈夫。丈夫解释不成也化身迫害者，妻子又成了受害者。最终，两人不欢而散。对双方而言，在转换角色之后，都有一种感觉，好像发生了什么出乎意料的事。如果他们把这种感觉用言语表达出来的话，可能会说：“为什么又是这样呢，这样的事为什么总是发生在我身上？”

在后来的咨询中，作为妻子的萌萌反馈说，这样的事发生过几次之后，她也觉得不对劲。后来她发现，因为自己是女孩儿，在家里不如弟弟重要，所以她对于在关系中自己是否重要非常敏感。所以，当丈夫说先回他家时，她心里的另一个声音是“看吧，让我抓到了，我在你心里就是不重要，你跟我父母一样”。

所以，接下来，她带着这个预设去指责丈夫，而丈夫很委屈，觉得妻子的指责毫无道理，但又没办法解释清楚。后来，她向丈夫表达了这种感觉，也表达了自己很想回家的愿望，没想到丈夫说“可以先回你家啊，同学聚会我一次不去也没关系”。她认识到，在丈夫这里，她是重要的，只要她表达出自己真实的需求和感受，是会得到重视的。

沟通中，每一个人都有自己爱玩的心理游戏，但很多时候我们不是故意发起游戏的，常常是在无意识中进入游戏，一次次体会负面而又熟悉的感觉。每一个心理游戏都是在重演已不符合当下成人处境的童年模式，就像萌萌在这个过程中体验了自己“不够重要”时的伤心一样。关于沟通中的心理游戏，我们会在第 3 章专门探讨。

六、亲密

时间结构里的亲密有不同的含义，它并不限定于恋人和家人之间，是指我们可以在自己关注的人面前表现真实的自我，表达真实的思维、情绪和行为。也许我们表现出来的并不是对方期望的，但我们并不因此担心对方离开或不喜欢我们，即无论我们如何表现，都能体会到对方对我们的接纳、尊重和爱。

当两个人处于亲密状态的时候，每个人都可以放心表达自己的真实感受，这个过程不存在隐藏沟通和交错沟通，沟通的双方都清楚自己在做什么。亲密行为不只存在于恋人、夫妻间，还存在于父母与孩子、互相信任的朋友和上下级之间。它会让你在短暂的交往中感受到温存、信任和温暖的情感，是一种真正的人与人之间的关怀。

亲密可能发生在以下场景。

家里的小狗死了，儿子很伤心，把小狗埋葬后，满脸泪水。妈妈走过来，把孩子搂在怀里说："埋葬一个朋友不是一件容易的事。"孩子在妈妈的怀里，宣泄着心中的悲伤——在这一刻，他们是亲密的。

三口之家，一岁多的宝宝开始说话了，有一天突然说出"我就不"，逗得父母哈哈大笑，夫妻相视而笑——这一刻，他们是亲密的。

你的朋友失恋了，很伤心，给你打电话。电话中，她尽情地哭泣，你静静地倾听，直到她安静下来——这一刻，你们是亲密的。

朋友间有了误会，但彼此并没有回避和掩饰，而是真实表达。例如，甲说"你昨天的行为让我觉得在你眼里我没有解决这件事的能力"，乙说"不是的，我不确定你是否愿意和那些客户打交道"——这时的朋友是亲密的。

要实现亲密并不容易，因为亲密包含冒险的成分，人们需要在亲密中透露自己的弱点，表达自己真实的感觉，而有些人会担心因此被否定。

要判断你和哪些人之间的关系是亲密的，可以看看如下的问题。

- 当你发现对方有些事做得不合适时，你是否能表达出来，并确信这种表达会被对方理解而不会影响彼此的关系？
- 你从第三方听到了对方的一些负面信息，你是否相信他有自己的一些原因？
- 你们之间发生了一些冲突，你是否愿意主动面对，并和对方沟通，澄清误会？
- 你有事需要对方帮忙，他表示帮不了你，你是否能理解他有自己的难处，并一如既往对他保持信任？
- 你们之间是否能持之以恒地尊重自己和对方的情感和需要，有时能够主动认同并且表达自己的情感，并确信对方有能力理解并陪伴你的情感，而不用担心对方的承受能力？
- 你们是否能在对方情绪低落时觉察到，并接纳对方，不会受到对方情绪的干扰，也不害怕被对方所依赖？
- 是否能接纳他人呈现给你的全部？或者，只能有条件地感受和接纳他情感的一部分，而暗中或者公开地拒绝他情感的另一部分？
- 面对彼此，你们是否可以自在地做自己想做的事而不担心被评价、被否定?

审视你和你在意的人之间的这8种状态，如果你们能回答“是”的答案有6个以上，表示你们已经很亲密了。你会发现，很多时候，做到亲密并不容易，因为亲密是有风险的。同时，亲密也需要我们投入很多的时间和情感，所以一生之中，我们只能和有限的人形成亲密的关系——伴侣、知己和部分家人。

做自己情绪的主人
——女性在沟通中的情绪管理

当你情绪不能自理时，
你爱的能力便极其有限

第 2 章

CHAPTER

第一节
女人真的比男人更情绪化吗

女人是情绪化的动物吗？是！男人也是。但男性和女性的情绪表达方式确实不一样。

一、男女处理情绪的方式存在差异

国内外的一些研究学者对情绪和性别的关系做了很多研究，大致有以下几个观点。

- 女性比男性更容易情绪化，更容易表达情绪。
- 女性和男性情绪体验的总体频率相同。
- 女性的情绪表达能力和强度都强于男性。所谓情绪表达强度，是指女性遇到某件事情的焦虑程度、痛苦程度等，很多时候都是超过男性的。
- 女性比男性更容易受情绪感染。女性看电影时，跟着电影里的人物哭的概率很高。很多男性在看到女性这样时，都很不理解，说“里面都是假的，和你有什么关系”。女性情绪的一个重要特点，就是她们的情绪很容易受他人情绪的影响。

- 女性和男性的情绪种类有差异。女性和男性愿意呈现的或是擅长呈现的情绪是不一样的，女性更愿意去呈现幸福、惊讶、悲伤、恐惧、内疚等情绪，男性会更多地呈现愤怒、轻蔑和骄傲等情绪。
- 在情绪表达方式上，女性比男性更愿意或更容易用语言来表达自己的情绪。向谁表达呢？有意思的研究结果是，无论是男性还是女性，都愿意向女性来表达。
- 男性调节情绪更容易用一些外在化的方式，指向他人，不指向自己，所以他们更容易责怪他人。女性大部分会用内在化的方式来调节，会自责，所以女性更擅长自我反省。

对男性来说，他们很难与情绪待在一起，大部分时间会离开某个情绪。

男性离开情绪的方法大致分为以下 3 种。

- 有了情绪之后，沉默不语，看上去很平静。
- 分散注意力，去干别的事情，比如去抽烟。有人做过一次对男性抽烟问题的访谈，问男性什么时候想抽烟。男士们说高兴的时候想抽烟，不高兴的时候也想抽烟；焦虑的时候想抽烟，有成就的时候也想抽烟。很多情绪出来的时候都想抽烟，其实就是男性分散注意力的方式。
- 解决问题。事情发生了，导致男性有些紧张，但怎样做才能不紧张呢？就是做事情、解决问题。

在婚姻关系的沟通中，你会发现，如果妻子向丈夫表达自己在工作中的困难，妻子很多时候是带着情绪来表达的。男性处理妻子情绪的方法是告诉她应该怎样解决问题，让妻子不要发脾气。可妻子往往不需要解决问题，需要处理情绪，需要丈夫理解和安抚自己的情绪。

女性一般会聚焦于情绪里，不高兴就哭。女性关注情绪本身，不会马上行动，不会解决问题，愿意待在情绪里不断去感受，也希望别人陪自己一起来感受。所以，女性面对情绪的逻辑是“光我难受不行，你得陪我难受”。男性就会想：“你一个人难受还不够吗，还要两个人难受，难受能解决问题吗？”这就是婚姻生活的悖论，有不少妻子认为自己的丈夫不理解自己、不温柔，就是因为丈夫不能理解自己的情绪。尤其是妻子情绪比较强烈的时候，男性的本能反应是逃离，或者是让妻子有事说事、该解决问题解决问题，不要哭、不要闹，这是男性的处理方式。

有个洞穴效应能解释男性如此表现的原因。男性的情绪管理模式在还是原始人的时候就开始形成了。在原始社会时期，男性是负责打猎的。打猎是一项高风险的活动，男性必然有很大的压力。男性都有一个自己的洞穴，打猎回来后，他们回到自己的洞穴里平静一下。很多女性可能不太理解，认为自己的丈夫什么事情都不说、不商量，“不跟我说想跟谁说呀”，会把这个事情想得很复杂，不允许男性用他自己的方式去调整。但是，男性在调节自己情绪的时候，会希望有一个自己的空间，女性要给他足够的时间和空间。

男性表达情绪的方式（在“洞穴”里）

女性表达情绪的方式

二、女性善于用“说”表达情绪

女性与男性不同，女性的情绪靠社会支持系统来调节。大部分女性遇到事情，第一反应是说出来。如果跟家里人说不被理解，就去跟外面的人说，跟第一个人说完，跟第二个人说，有时候像祥林嫂。

“说”是女性表达情绪、调节情绪的一种很重要的方式。所以，她们会把自己周围的情绪支持系统全部利用起来，跟很多人去表达，去寻求支持。有极个别的女性，由于特殊原因，不能通过“说”来表达情绪。比如《人民的名义》里高育良的妻子，她已经离婚，很压抑，但为了维护自己的社会角色和照顾自己的面子，她一直隐忍不说，还要装得很幸福、很和谐，最后得了轻度抑郁症。所以，女性有了情绪之后，如果周围没有情绪支持系统，是一件比较糟糕的事情。

我们平时认为，女性更关注家庭。现在发现，女性在家庭里的情绪体验并不好。研究表明，女性在工作的时候比在家的时候有更多的正面情感状态。其实这不难理解，在家里，女性承担的责任比较多，家里纷繁复杂的关系和感受会让女性感觉到更多困扰。相对来说，工作更简单一些，女性在工作过程中更放松，有更多正面的情绪和情感。很多单独带过孩子的妈妈表示，工作简直就像度假。

与之相反，男性虽然看起来更重视在外面的工作，但在家里时会有更多的正面情感状态。因为男性在工作上要求更严谨、更隐忍，在工作中不放松，所以在家里时更放松，可以体会到更多正面的、轻松愉悦的、单纯的幸福感。这就是家庭氛围对男性的心理健康和生理健康影响更大的原因，女性要重视这个问题。

与此同时，女性面对家人的时候，情绪控制能力会比男性弱，在有沟通冲突时，甚至会口不择言，怎么难听怎么说。男性无论是在家里还是在外面，情绪都比较隐忍，不直接表达。因此，女性应注意，善于“说”是一把双刃剑，用不好会伤人，因为“舌上有龙泉，杀人不见血”。

第二节

女性情绪从何而来

女性的情绪从哪儿来？实际上，不只是女性，每个人都会有情绪。人有三种基本属性——生理属性、社会属性和精神属性，这就带来了人的三种需求——生理需求、社会需求和精神需求。当这些需求被满足时，人就觉得舒服、愉悦，会有一个比较积极的情绪；当这些需求不被满足时，人就会有一些消极的情绪。这是每个正常人都会有的反应。所以说，情绪是我们生活中不可或缺的一部分。

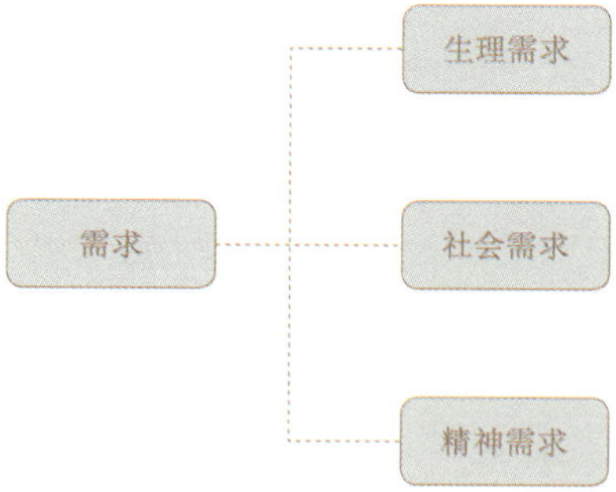

一、生理需求

我们每一个人，无论男女老少，都会有一些基本的生理需求，比如“我要吃饱”“我要穿暖”“我要睡好”“我的肢体要灵活地去活动”。如果这些基本的生理需求得不到满足，人就会有情绪，就需要将情绪表达出来。

吃饱是人生存下来的基本生理需求。我们都知道，婴儿吃不饱的时候一定会哭。但是别以为只有小孩才会这样，很多成年人饿了的时候，也会很想发脾气。

接下来是对温度的需求。人感到冷的时候，身体会紧缩在一起。当身体紧缩时，实际上你的身体是紧张的。由于你的身体感觉紧张，别人一碰你，你有时就会反应比较激烈。热了会烦躁，也是一个道理。

对于睡眠，大家应该了解得很多。婴幼儿时期的孩子经常会闹觉，就是在睡觉之前各种找碴儿，如果不是自然醒，就会哭闹、发脾气。其实大人也一样，夜里没有睡好的人，白天一整天的情绪可能都不好。

肢体灵活活动这个方面容易被大家忽略。其实人的身体是需要自由活动的，当肢体活动受限时，我们就会有较强的挫败感，容易出现不良情绪。大家可以想一下，为什么医院里的冲突比较多？因为当一个人生病躺在病床上不能动时，他的肢体灵活活动受到了限制，所以他一定会有不同程度的不良情绪。

二、社会需求

社会需求是指我们每个人作为社会中的一员，都希望自己在人际关系中达到一定的目标，比如被认同、被信任。社会需求里有三个目标，分别是亲和目标、成就目标和财富目标。

第一个是亲和目标。亲和目标是指人天生有社群属性，需要跟他人发生联结。如果一个人不被团队里的人接纳，那他待在那个系统里一定是不舒服的，肯定会有一些负面的情绪。

第二个是成就目标，就是我们每个人都希望在社会上有一定的成就。比如，有人希望自己拥有硕士、博士学位，有人希望自己能成为公务员。当这些目标能实现时，我们会觉得比较满足；当这些目标实现不了时，我们的情绪也会受到影响。

第三个是财富目标。人要生存下来，必然需要花费成本，如果想让生活的状态更好，就需要花费更多的成本。所以，作为社会中的一员，每个人都有自己的财富目标。财富目标的实现也会直接影响到人的情绪。例如，当老板告知你年终奖的数量时，如果这个数量超过你的预期值，你会觉得很高兴；如果这个数量低于你的预期值，你会觉得很沮丧，甚至认为老板不公平。

三、精神需求

人作为最高层次的一种动物，除了生理需求和社会需求外，还有自己的兴趣爱好，同时也希望别人能懂自己，其实这就是我们的精神需求。精神需求如果得不到满足，同样会给情绪和沟通带来负面影响。

比如，如果我们跟一个人说：“啊，你看今天的夕阳多美呀，我们去看夕阳吧！”对方回应你说：“一个破夕阳有什么好看的？”你一下就会觉得话被堵在了嗓子眼儿，感觉很难受。又如，你提议去看电影，看完后你觉得很好看并兴高采烈地与同伴分享。如果对方说“什么乱七八糟的，一点都不好看”，你的情绪就会很失落，你们之间的沟通也会出现冲突。

大家可以思考一下，自己的情绪是怎么来的？只要在这三种需求里去找，一定可以找到不良情绪的来源：或者是因为没睡好；或者是因为跟同事吵架，还被领导批评；或者是因为遇到了困难跟伴侣交流，他却不理解你……知道了情绪的来源，我们才能明白如何去处理它。

第三节
认识扭曲情绪和真实情绪

情绪可以分为扭曲情绪和真实情绪，要识别它们并不难。

一、扭曲情绪

扭曲情绪是指你表达的不是自己真正的情绪，而是用另外一种自己熟悉的负面情绪来掩盖真实情绪。比如，当你害怕的时候，你不会说自己害怕，而会表达愤怒。你最熟悉的情绪很有可能就是扭曲情绪。扭曲情绪往往会带来激化问题、错误理解需求、破坏关系等后果。

比如，孩子在没有告知的情况下，放学到家时间比平时晚很多，家长等得很心焦。孩子好不容易到了家，家长便很生气，大声冲着孩子吼。其实这个时候，家长就是用愤怒代替了恐惧。

有一种典型的扭曲情绪是需要注意的，那就是平静。其实很少有人能做到真正的平静，大部分人只是故作平静或是压抑自己真实的喜怒哀惧。这种平静不利于亲密关系的增进，因为它堵住了别人帮助你的通道。如果我们遇到事情总是故作平静，压抑自己真实的情绪，我们的情绪就无法通过外向的方式表达出来，会给自己的身心健康带来一定的负面影响。所以，刻意保持的平静其实是扭曲情绪。值得提醒的是，夸大的情绪也是扭曲情绪。

扭曲情绪从何而来？假设围绕一个中央广场，建造了 36 幢房子，住了 10 户人家，一个婴儿等待降生。一台万能的电脑控制着转轮的旋转。转轮中的小球掉到数字 2，于是万能的电脑宣布下一个婴儿降生到第 2 户人家。之后它又转了 4 次，数字分别是 4、6、7、9，这 4 个孩子分别降生到数字对应的人家。10 年后，孩子学会了表达情绪。第 2 户人家的孩子学到了“事情不顺时，感到生气”，第 4 户人家的孩子学到了“事情不顺时，感到伤心”，其他 3 家的孩子分别学会了“感到内疚”“感到害怕”“感到无能”。

第 2 户人家的孩子——事情不顺时，感到生气
第 4 户人家的孩子——事情不顺时，感到伤心
第 6 户人家的孩子——事情不顺时，感到内疚
第 7 户人家的孩子——事情不顺时，感到害怕
第 9 户人家的孩子——事情不顺时，感到无能

可见，扭曲情绪是后天习得的、被家庭鼓励的情绪，是自然情绪的替代物，对解决问题没有帮助，所以在生活中要尽量避免出现扭曲情绪。

二、真实情绪

看自己的情绪是否是真实情绪有两点依据。

第一点是情绪的表达是否有助于问题的解决。当妈妈因为孩子回来晚而担心的时候，她如果说“你这么晚回真的吓死妈妈了，我真担心你，你下次如果晚回来，能不能告诉我一下”，这就是在表达真实情绪。当家长这样表达的时候，对孩子是有影响的。孩子会知道父母关心自己，会主动提出“下次我会告诉你”。但是如果家长表达的是扭曲情绪——愤怒时，比如吼着说：“你怎么回事？去哪了？”这时孩子往往不回答你，转身就走，而且他下次可能还不会改变，这就无助于问题的解决。

第二点是情绪的表达是否有助于增进彼此之间的关系和亲密度。当家长向孩子表达“你该回来的时候没回来，妈妈很害怕”的时候，孩子能感觉到家长不是在责备他，而是在关心他。但是当家长用愤怒来表达的时候，孩子会觉得“你不理解我，你只是认为我做得不对、做得不好”，这样的情绪会破坏父母与孩子之间的关系和亲密度。

但是在沟通中，我们不是只能表达积极的情绪，消极的情绪也可以表达，重要的是要表达真实的消极情绪，让对方知道你的真实感受、真实需求。当我们遇到了困难希望得到别人关心时，可以勇敢地说出来，而不是用批判的方法生气地指责对方。比如，如果你的父亲生了病，你自己很着急，也期待伴侣跟你一样着急、表达关心。你可以这样跟伴侣表达：“我爸爸生病了，我很担心、很害怕，我需要你的支持，你在我身边，我就会踏实一些。”这种表达会让伴侣清楚地知道你到底需要什么，而且他也会感觉到你对他的依赖和信任，这个消极情绪的表达就能够达到增进关系和解决问题的作用。反之，如果你表达的是愤怒——“你跟个没事人一样，反正不是你爸”，就会让伴侣远离你，觉得在你身边也帮不上忙，只会有更多冲突。所以，用正确的方式表达消极情绪很重要。

第四节
女性如何安抚自己的情绪

既然有各种情绪是正常现象，我们就需要学会管理自己的情绪。管理自己的情绪可以分为三个步骤：觉察自己的情绪、安抚自己的情绪、面对自己的情绪。

一、觉察自己的情绪

生活中很多人会说“我没什么情绪”或者“我的情绪很平静”。一般情况下，如果这个人年龄在60岁以下，没有什么特别的信仰，也不是什么佛学大师，说自己内心很平静是不大可信的。他的这种平静属于扭曲情绪，因为中国的文化不提倡表达情绪，所以很多人习惯压抑自己的情绪。

也就是说，每个人都会有自己的情绪，只不过是情绪的表达方式不一样。比如，有的人伤心了不表达，但是会犯困，就会去睡觉，睡到一半的时候，醒来就会流泪，这时候他才明白自己是伤心的。还有一位来访者春节后来进行心理咨询，提到她感冒了去看中医，大夫给她号脉后说她是因为生气了才感冒。来访者说“我没觉得我生气啊”，但当她放松下来，坐在沙发上开始叙述家里春节期间招待亲戚，没人干活儿只有她自己受累时，她随口就说：“哎呀，他们气死我了，那天气得我到半夜都没有睡好觉。”说到这里的时候，来访者自己都没有觉察，但是心理医生帮她觉察到，她生气的情绪一直压着，压到春节过完，所以来访者的感冒和类似感冒的那些症状，其实都与她生气的情绪有关。

所以，管理情绪的第一步就是觉察自己是不是有情绪。与此同时，还要确定自己的情绪是因为哪方面的需求没有得到满足导致的。我们前面讲过，生理需求、社会需求、精神需求是每个人都有的正常需求。在来访者的案例中，我们可以看到，来访者首先是生理需求层面没有得到满足，她觉得自己干活儿很累；其次是社会需求层面没有得到支持，没有人和她一起分担做饭的工作；最后是精神需求层面没有得到满足，因为事后没有人表达对她辛苦劳动的认同。

觉察情绪还有一项非常重要的工作就是评估自己的情绪反应是否受到了过去情绪的影响，对当下的刺激事件来说，你的情绪反应是否恰当，有无夸大。

如何识别当下的情绪反应是否受到过去情绪的影响？

需要从三个层面来考虑。

第一是强度。如果情绪反应的强度超出了一般的水平，就要觉察这个情绪引起了自己过去的哪些记忆。

第二是频率。如果某种情绪总在你身上重复出现，说明你过去受过某种情绪创伤。比如有的人说：“我就听不了‘必须’和‘应该’这两个词，如果谁跟我说我必须怎么做，我就会很生气。”这样的情况重复发生就说明，“必须”和“应该”这两个词可能给这个人带来过情绪创伤。

第三是时间。如果你的某种情绪出现后不能很快过去，需要很长的时间来平复，说明你的情绪反应受到了过去的影响。比如，有一对恋人，男方对于女方父母说过他是外地人这件事儿就是过不去。尽管女方一再澄清她父母其实没有看不起他的意思，但男方就是接受不了，甚至说只要说这话的人就是他的仇人。后来才了解到，男方一家人在来北京打拼的过程中，因为外地人的身份受了很多的委屈，他们全家人因为“外地人”的身份都受过创伤。

大家可以从强度、频率和时间这三个层面来评估自己当下的情绪反应是不是受到了过去情绪的影响。

二、安抚自己的情绪

当我们出现消极情绪时，说明我们自己某方面的需求没有得到满足，需要给自己正面安抚。我们的不良情绪来自三个层面，所以也可以从三个方面来给予自己安抚。

1. 生理层面的安抚

每一个孩子出生之后，首先接受的就是生理层面的安抚，这也是人作为一个生物永远都需要的部分。满足生理层面的需求、让身体愉悦是很好的安抚自己的方式。很多时候，因为工作和生活的快节奏，我们都不知道自己的身体是紧张的。

试试看，以下这些方法哪些对你有效。

（1）关注呼吸

很多时候，在压力之下，我们甚至忘记了呼吸。此时的身体是紧张而不自知的。

关注自己的呼吸，需要在一个安静、舒适的环境下逐步练习，以减少外部干扰。刚开始学习关注呼吸时，要全神贯注，但是偶尔还是会走神，这种情况很普遍。觉察到杂念，摒除它们，重新把注意力放在呼吸上。100 次走神，100 次回到呼吸上，本身就是一种放松。

（2）听音乐放松

音乐是一把神奇的钥匙，任何紧锁的心门都能被它开启。音乐治疗是一种非常流行的放松技术。一项在美国进行的研究表明，超过 75% 的被调查者把听音乐当作最常用的压力缓解方式。

一些音乐学者认为，聆听特定类型的音乐，会激活不常用的右脑加工过程，提高人类对新观点的接受程度。音乐可以通过很多途径来安抚我们焦虑的心灵，同时也能提高人类的创造力。

尽管对音乐放松技术的研究才刚刚开始，也尚未完全明确音乐影响人类机体的机制，但它的益处确定无疑。每天在自己喜欢的音乐中起床，工作疲劳时听上一曲舒缓的音乐，甚至晚上在音乐中入眠，都是可以尝试的放松方法。目前一些院校已经有专门的音乐心理治疗专业。

（3）冥想

也许你会觉得冥想是一种积极的心理暗示，但冥想更是一种自我觉察与自我对话。通过这样的对话，我们进入生命深处。在冥想中，我们不是信息的被动接受者，而是生命的发现者和生活的创造者。我们不仅可以感觉自己、问候自己、陪伴自己，也可以发现自己、改变自己、创造自己。

冥想所带来的心理体验是非常丰富的。它不仅让我们从躁动中安静下来，使大脑进入一种开放状态，以便在新的一天中有新的发现和新的学习，还使我们的意识和潜意识联结起来，使躯体和心理联结起来，使过去、现在和未来联结起来，使个体生命和世界、宇宙联结起来。这一切都使我们更有力量、更有智慧去作出选择和改变，成为“一个美妙的、充分伸展的人类生命”。

冥想示意图

冥想常常与肌肉放松、关注呼吸和音乐放松结合起来使用。

步骤一：肌肉放松

请找一个自己最舒服的姿势，闭上双眼。深深地吸气，慢慢地呼气，重复 3 次。请将注意力放在你的额头上，感觉有一股暖流慢慢地流到你的眉毛上。紧皱的眉毛舒展开了，紧咬的牙齿也放松了，嘴角微微上扬。脸颊的肌肉也慢慢地放松开来，再放松，更放松。

这股暖流流到了颈部、颈椎，你觉得颈部放松了，颈椎也放松了。血液流动得非常流畅，慢慢地，这股暖流流向你的双肩，你的双肩放松了，每一块肌肉都非常放松，特别舒展，暖暖的，非常舒服。

这种温暖的感觉流向你的前臂，你的前臂放松了。又慢慢地流向你的小臂，你的小臂放松了。然后顺着你的手掌心慢慢流向你的手指尖，你的手心暖暖的，非常温暖，非常放松。所有的疲惫都从你的指尖流走了，你有一种无拘无束的感觉，这种感觉真的好极了。

你的胸部放松了，你的躯干放松了，你体验到一种前所未有的放松感觉。你的髋关节放松了，你的臀部放松了，你身上所有的肌肉都非常放松，非常舒服。

步骤二：关注呼吸

这股暖流流到了你的腹部，暖暖的。深深地吸气，感觉腹部在膨胀。慢慢地呼气，感觉腹部在收缩。深深地吸气，慢慢地呼气，重复 3 次。

步骤三：音乐放松

放松地坐在椅子里，让自己完全跟着音乐走。不论你有什么样的思绪、感受、情绪和想象的画面，让它们都自然地出现吧。远处传来悠扬的乐曲。现在，随着音乐，有意识地与呼吸结合。或许你会留意到音符也在你的身体里，被身体的各部分接收。呼吸的气息正在进入你的身体。如果能让身体更为放松，呼吸将会非常好地开展它的工作。

总结过去

现在，让我们来到内心深处保存记忆的地方，那里记载着我们过去一年的经历，那是我们所拥有的美丽资源。我们回到了过去，观察和思考着在过去的每日、每周、每月里，我们做过什么，看看我们拥有着什么，我们做出了什么样的结果，我们在应用哪些过去的经验，以及我们在使用什么样的谈话方式。

如果觉得它们不再合适了，那就放手让它们离开。或许，它们曾经很适合我们的需求。而现在，我们再看看有哪些东西是适当的，带着它们和我们共同迎接未来。同时要注意到还有什么事是我们需要而尚未拥有的，请允许自己去创造新的东西。

展望未来

再一次与呼吸结合，深深地吸气，慢慢地呼气，重复 3 次，感觉身体充满了一股全新的力量。此时，你注视着自己，感觉自己充满了活力，充满了希望。现在，展望一下你一年之后的模样，看着那时的自己，是否有什么事情是你希望自己在此之前就已经完成的？如果有的话，请把它当作你目前的一种资源。

看看有没有什么事是一年后你希望自己已经拥有的？有什么事是一年后你希望自己已经改变的？

静静地聆听这些信息，并把它保存在某个地方，或许它会对现在的你有所帮助。在你展望未来的时候，留意自己的美好与许多的可能性。

结束

现在，请再一次关注呼吸，深深地吸气，慢慢地呼气，重复3次，然后在心里从10倒数到1，告诉自己到达1的时候便会酣醒，精神畅快及充满活力。10、9、8、7、6、5、4、3、2、1，数完后，慢慢睁开你的眼睛，轻轻转动一下脖子，伸展一下全身。

（4）瑜伽

瑜伽是近年来比较流行的身体放松方法，目前并没有临床研究来证明有规律地练习瑜伽可以改善整体健康状况。但有研究证明，瑜伽与其他放松技术，包括腹式呼吸、有氧运动和娱乐等结合在一起，能有效地治疗药物依赖和酒精成瘾，对缓解压力有一定的作用。

（5）按摩

按摩是一种放松技术，是对皮肤、肌肉、韧带以及结缔组织进行推拿，以减轻肌肉的紧张感，增加肌肉组织及其周围关节的舒适度。

研究者在不同的人类群体中对按摩疗法进行了研究，这些群体包含早产的婴儿、大学生、白领、被慢性病困扰的老年人。

所有这些研究都发现，按摩是一种非常好的放松技术，不仅能促进身体放松，还能带来别的与健康有关的益处。

有研究证明，如果每天连续3个小时对早产婴儿进行3次15分钟的按摩，持续10天，能够促进早产儿的生长，这也与前面讲到的身体安抚一致。中国的传统中医在按摩方面是非常擅长的，我们很容易找到相关的资源来放松自己的身体。

（6）用食物缓解

在民以食为天的中国，我们不应该忽视食物在缓解情绪方面的贡献。食物不仅能填饱肚子，还可以减轻焦虑等消极情绪。吃一餐自己熟悉的、赏心悦目的美食对很多人来说，是安抚情绪的有效方式。

（7）运动

已有大量研究表明，运动会让身体放松，并有效缓解情绪，跑步、游泳、打球等运动项目都是不错的选择。

2. 社会层面的安抚

社会层面的安抚主要是指从关系中寻求安抚。这种安抚有一个关键步骤，即很多时候，在一个关系中出现的情绪，需要找另外一个关系去处理。如果非要在原来的关系中去表达，就会被定义为“矫情、敏感”。如果能寻找到新的能滋养自己的关系去处理，对方的反馈会相对客观，自己也能得到更多的理解，有时候还能变换角度找到解决问题的办法，有效缓解情绪。上文提到的例子中，来访者在家庭中总是承担压力，当她因为太辛苦而有了情绪之后，在家里表达往往会适得其反。所以，虽然女性有了情绪后最擅长用“说”去表达，但找谁说、怎么说其实是有技巧的，需要找到一个愿意倾听、懂得倾听的人来表达。

负面情绪就像房子里的灰尘，需要天天清扫，而相互倾听是效果最好的一种方式。用倾听来互相帮助的方法是美国的哈威·杰肯斯在20世纪50年代创立的，这种方法被称为再评价咨询，又称“相互咨询”，意为通过倾听来重新评价发生在自己身上的事。

它的理论根据可简单概括为活跃的思维和理智的决定出自健康的心态，而这种用倾听来互相帮助的方法可以使人们及时地清除因各种伤害造成的负面情绪，保持健康的心态。

相互倾听是扫除负面情绪的良好方法

相互倾听的方法主要有以下要点：

- 不评价、不建议、不干预，问过程、问感受、问期待。要相信每个人都有解决自己问题的能力，他只是暂时遇到了困难，只需要在被倾听中捋清自己的思路，找到适合自己的方法。

每次倾听都是相互的。你们可以建立契约，约定每个人分别说多长时间，这样有助于保持倾听的平等性，不会产生内疚感，即我是不是把自己的麻烦带给了别人。

保密。保密当然非常重要。你打算跟对方说自己生活中的什么事情、有多坦白，这一切取决于你对他的信任程度。所以，彼此应该有个约定：不可以向任何人透露在相互倾听中说的任何事情，理解这一点是相互倾听的基础。

我们每个人最好都能有两到三个倾听伙伴。如果愤怒指数满分为 10 分，你对一件事情的愤怒指数达到了 8 分，当你找一个倾听伙伴说了一遍后，这个指数可能就降到了 6 分，甚至有的人说一遍后愤怒指数就能降到 4 分。如果你觉得说一遍不够，可以找第二个人再说一遍。其实说的过程就是自我梳理情绪的过程。

3. 精神层面的安抚

人和动物的特殊性就在于我们有很多精神层面的需求，所以，从精神层面入手也是安抚自己情绪的有效方式。从精神层面舒缓情绪的方式有很多种。

（1）旅行

旅行可以让我们离开自己熟悉的压力情境。新的环境会打开我们的思路，放松我们的身体。沟通分析心理学创始人艾瑞克 · 伯恩说：2 周的假期可以除掉浅层的前事后置，之后便会有几天无忧无虑的生活。要吸收长期的前事后置，或更深层的后事前置，至少需要 6 周的假期。

（2）园艺

早在古埃及时代，利用植物影响情绪的方法就已经被认同，当时的医生会让情绪波动的病人漫步在花园中，以此来稳定情绪。到了近现代，随着人们对这种情绪治疗方法的深入研究，美国园艺治疗协会将园艺辅助治疗定义为通过园艺活动，如花卉及蔬果种植、干花手工艺、治疗性园景设计等，使参与者在社交、情绪、身体、认知及精神等方面获得好处的心理辅助治疗方式。

园艺之所以能够调节情绪、进行辅助治疗，与植物本身对环境的影响有着密切的关系。植物本身会对环境产生调节作用，如降低温度、增加湿度、增加空气中负离子含量、减弱噪声等。人们通过园艺活动，可以感受到这些环境变化，从而在情绪上抑制冲动、静神养心，帮助实现自我调节。

（3）绘画、音乐、舞蹈等艺术活动

以绘画、音乐、舞蹈为主要形式的艺术活动心理治疗已经运用于多个领域，以此来帮助被情绪困扰的人或癌症病人。运用艺术活动来处理情绪的形式灵活，你可以画出任何你想画的东西来表达用语言难以描述的感受，也可以听一曲爱听的音乐，亦可以跳上一支舞蹈。

三、面对自己的情绪

面对自己的情绪是指什么呢？就是当你通过觉察，发现自己总是重复地陷在某种情绪中不能自拔。这些情绪有的是由现实压力引起的，有的是由小时候的经历引起的，而有的你并不清楚来源，那可能表示你有一些未处理的创伤，或者你面临的压力超出了你目前的应对能力。在这种情况下，寻求心理咨询等专业帮助是一种积极的行为。

因此，无论是何种不良情绪出现，我们都应该去面对、去疏导，而不是逃避。只有这样，才能让自己常常处于良好的情绪之中，积极地面对生活。

第 3 章

CHAPTER

觉察自己的角色——女性的职场沟通

觉知后再沟通

第一节

职场沟通三要素的觉察

如今，女性在职场上的杀伐果断早就被大家接受。虽然有研究证明，女性在职场上的体验比在家庭中好，但竞争越来越激烈的环境实际上也给女性带来了很多压力。调查显示，很多30岁左右的女性害怕生孩子会耽误自己在职场上的发展，担心自己生完孩子回来后在公司没有位置。

实际上，不管是男性还是女性，每个人身上都同时具备“男子气”和“女子气”。而在职场上发展得好的女性，更多的是表现出了自己“男子气”的部分。掌控的、强势的、理智的，这似乎成了她们的标配。但这种男人式的沟通风格对于女性来说，真的好吗？女性本身具有的敏感、共情、善于倾听、温暖以及包容等特质，真的不适用于职场沟通吗？

答案是否定的。女性本身的特质仍然适用于职场沟通，并让女性在职场沟通中具有天然的优势。但是，在沟通之前，我们需要先去觉察职场沟通中的自己、他人和环境。

来看一个职场培训的案例：

在一次世界500强通信类企业的培训中，很多省级公司的老总迫切提出了一个要求：给我们的中层管理者讲讲沟通，他们实在太不会沟通了！

很有意思的是，当这些中层管理者被问到自己的沟通能力是否有问题时，他们都认为没有。然后被问及沟通重要吗，他们觉得不重要。这是比较严峻的事实，高层领导那儿已经“亮红灯”了，中层管理者却自我感觉良好。

在职场层级中，从职场新人到决策层，中间有六个层级：新员工、资深员工、初级管理者、中级管理者、高级管理者、决策者，见下图。

对于下面四个层级来说，如果想让自己的职业生涯有一个好的发展，就得善于运用沟通这个重要工具。很残酷的事实是，

从职场新人到资深员工，有些人会一直“资深”下去。如果你不愿意一辈子待在资深员工的位置上，想往更高的层级发展，良好的沟通方式就是你的必备技能。很多时候，你离升职只有一个“沟通”的距离！

在职场上沟通时，一定要注意到环境、他人和自己这三个要素。首先要对自己所处的环境有所觉察，其次要关注到职场中的他人，最后要关注自己在环境中的角色。有的职场新人们会说：“我要在职场上做自己。”做自己是可以的，但是做自己不等于不去考虑他人的感受。

一、觉察自我和他人的沟通风格

第一章里讲了自我状态，并设置了测试内容，让大家了解自己的自我状态和沟通风格。你需要去评估你的自我状态和沟通风格是否适合你所处的位置、你的领导及你的团队。

在上面的职场培训案例中，当被问及大家面临的沟通困境是什么时，很多人提出，控制型父母自我状态太强的领导很难沟通。于是，大家进行了演练，试图找出最有效的自我状态来适应控制型父母自我状态的领导。

通过演练，大家总结出，对于控制型父母自我状态太强的领导，以养育型父母自我状态去应对基本不起作用，而自己用控制型父母自我状态显然没有力度。

有效的方法：先用适应型儿童自我状态接住领导的指责和

评判，等领导情绪化的阶段过去后，再用成人自我状态表达自己的观点，最后用自由型儿童自我状态化解张力，回到放松、自然的关系中。

在这个过程中，我们还要审视一下，自己是否在某个自我状态上有短板，因为很多人对自己的沟通风格不自知。有些人认识不到自己的控制感带给了别人压力，还有些人自我感觉良好但下属对其评价很低。

觉察自我沟通风格

比如，如果你已经是一个管理者，但你的控制型父母自我状态很低，或者你特别抵触这个状态，那就可能会影响你的权威感。又如，你很不喜欢自由型儿童自我状态，觉得不严肃，那你可能会对有这种风格的员工产生偏见，看不到他的长处。

看下面的例子。

有人问：为什么我有的时候明明没有在指责别人，但会让对方觉得是在指责他？

在这种情况下，首先应该分析这个“对方”是特定的某一个人，还是很多不同的人。如果跟你合作的很多人都经常感受到被你指责，很可能是你的表达方式和方法存在一些问题。

有一个真实的案例是这样的。在一次沟通培训课上，某位学员不觉得自己沟通时在指责对方，但通过回看培训的录像，他意识到了自己的问题。他说：“我真没意识到我说这句话的时候是指责对方的，我真不知道我是皱着眉头的，我真不知道我的表情是那样的。”我们已经习惯了某种表达方式，但是自己并不觉知，所以有的时候一些录像或者录音能帮我们发现一些问题。或者，我们还可以请对方告知自己的哪句话或者什么表情、什么姿势甚至哪个动作让他感受到了被指责，来帮我们更好地了解自己。

还有一种情况，是这个“对方”是特定的某一个人。还有另外一种可能性，就是他更多地待在适应型儿童自我状态里，很少得到认同，所以无论你用什么样的方式表达，他都会觉得你在指责他。

让自己的 5 种自我状态灵活地出现在职场沟通中，有助于建立良性的职场人际关系，也有助于你发现他人的长处，争取到更多的合作资源。

二、职场驱力风格

驱力也是来自沟通分析心理学的术语，指的是那些帮我们生存下来的策略。

典型的驱力有“要完美”“要坚强”“要快”“要讨好他人”“要努力试”。

职场的 5 种典型驱力

1. 要完美

具有“要完美”驱力的人在工作中有如下特点：

（1）做事很准确，谨慎核查。

（2）组织能力强，提前寻找潜在问题。

（3）容易纳入太多细节，反复核查。

（4）对小细节做批评，很少感到满意。

2. 要坚强

具有“要坚强”驱力的人在工作中有如下特点：

（1）在压力之下能保持冷静、对抗压力。

（2）认真，责任感强。

（3）不会寻求帮助或不会承认弱点。

（4）看起来有些冷漠、疏远，或者过于积极。

3. 要快

具有“要快”驱力的人在工作中有如下特点：

（1）做事迅速，对截止日期反应灵敏。

（2）能在短期内做完很多事。

（3）容易犯错误，缺少对细节的关注。

（4）缺乏耐心，爱接别人的话。

4. 要讨好他人

具有“要讨好他人”驱力的人在工作中有如下特点：

（1）是好的团队成员，提倡和谐。

（2）直觉力、觉察力强，替他人考虑。

（3）为获他人的认可而焦虑，不会对质。

（4）感觉被人误解、被批评时，会感到受伤。

5. 要努力试

具有“要努力试”驱力的人在工作中有如下特点：

（1）热情，能量充沛，充满新想法。

（2）对各种可能性的跟踪会比较彻底。

（3）对很多事情的兴趣容易流失，会转向新事物。

（4）不容易完成一件事，需要别人接手。

在我国的传统文化下，“要完美”“要坚强”的驱力在职场比较多见，“要快”少一些。和与自己驱力相匹配的人在一起会更舒服，但同时，驱力相匹配的人也容易犯相同的错误，短板也相同。“要快”的人和“要完美”的人是互补的，但是容易起冲突。一般情况下，“要完美”的人做事都会慢一些，这极大挑战了“要快”的人。所以，如果你是“要快”的人，记住一点，不是别人太慢，有可能是你太快。和自我状态一样，驱力风格也会给你带来偏见，让你否定跟你差异较大的人。

第二节

警惕职场沟通中的心理游戏

在职场沟通中，很多人发现自己总是“重蹈覆辙”，会反复跳入同样的坑当中。比如，总感觉自己被欺负，但又说不出来，然后对自己说类似的话：“为什么我总遇见这样的人？”“为什么我总是这么倒霉？”

如果你有这样的经验，用沟通分析心理学的话来说，你已经进入了一种心理游戏。像所有的运动类游戏一样，心理游戏也有一定的规则、步骤和必然的结局。

一、心理游戏理论

1. 心理游戏

沟通分析心理学创始人艾瑞克·伯恩认为：心理游戏是两个人相处时一连串的交流与沟通，但这种沟通并不愉悦。艾瑞克·伯恩对心理游戏的定义是“以隐藏的动机为根本，貌似合理化的一套重复出现的沟通方式”。更简单地说，它是“一系列诡异的沟通”。

沟通中的心理游戏有几个特点。

一是处在游戏中的人在意识层面并不自知，表面上看并不是在有意制造冲突。

二是游戏结局很混乱，大家的感觉都很挫败，互相指责。

三是游戏是一再重复的。每一个人都会把自己最熟悉的心理游戏一玩再玩，人物和背景会变，但游戏的形态是一样的。因此，若与人相处时一再重复发生同一情况，就要注意其中是否有心理游戏发生。我们常听到的“为什么这种事老是发生在我身上”这句话，就很可能是这种情形。

四是参与游戏的人之间都会有隐藏沟通。在表面的沟通下，会有隐藏的信息在传递。在这样的过程中，人们可以找到愿意和自己玩游戏的人。

五是游戏中都有角色的转换。

2. 游戏公式与戏剧三角形

一个发起心理游戏的人，就像在钓鱼，放上鱼饵，吸引别人上钩。只要上钩，游戏便开始了。所以，至少要有两个人才能玩心理游戏。如果有人想邀请你进入游戏，而你不给他任何反应，游戏便无从发生。有的时候，若能平心静气地回想整个过程，你可能会想明白当初两个人是如何开始这样一个心理游戏的。

艾瑞克 · 伯恩把心理游戏的过程用六个阶段来描述，他称之为游戏公式，公式如下：

饵＋钩＝反应→混乱→转换→结局

其实，所有的游戏角色的原型都是孩子，孩子会因为内心的不成熟而作出一些反应。看下面的例子。

4 岁的萌萌不小心碰掉了杯子。

妈妈进来问："怎么回事？谁干的？"

"姐姐！"

"胡说，姐姐在幼儿园，没回来呢！"

"就是姐姐，不是我！"萌萌开始大声哭闹。

"做了错事还撒谎！"妈妈大声喊。

在类似这样的情境里，很多家长是明知故问，这就是饵。那什么是钩呢？钩是指沟通另一方的弱点或欲望，如例子中的孩子想表示自己是个好孩子，没有做坏事，这就是钩，所以孩子必然上钩。

接下来，孩子的反应是撒谎、找替罪羊，妈妈的指责和孩子的抗议让局面陷入混乱。此时，妈妈的感觉开始转换：妈妈由开始的指责方变成被欺骗的一方，变得很生气。

这就是美国心理学家史蒂芬·卡普曼的戏剧三角形理论。他用一种简单有力的图形来分析心理游戏，认为只要是玩心理游戏，主角必定是迫害者、拯救者、受害者三种角色之一，而且在这个过程中必然有角色的转换，如下图。

迫害者：习惯性地贬低别人，把别人看得较低下、不好、没有能力，总在指责、评价别人。

拯救者：把别人看得较低下、不好，但他的方式不是指责

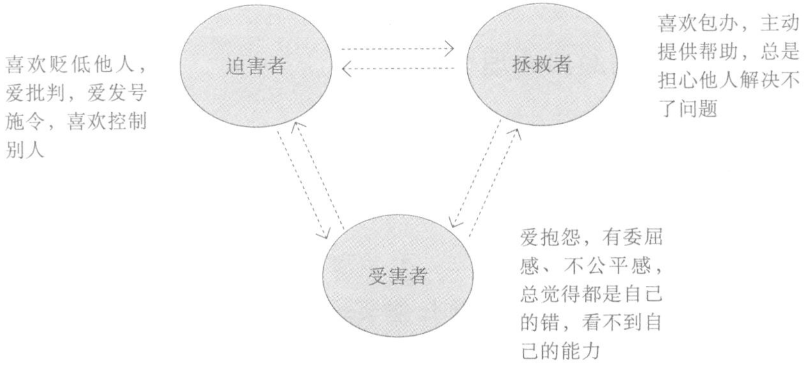

批评，而是以高人一等的心态为对方提供帮助，他相信“我必须帮助别人，因为他们不够好，无法帮助自己”。

受害者：自认自己较低下、不好，被欺负了。

玩游戏的人之间缺乏基本的相互信任，没有诚实、亲密和开放的关系。人们玩沟通心理游戏是因为它能引起别人对自己的关注，或是打发时间，或是强化早期对自己、对别人、对命运的看法，如“我就知道没人真正在意我”“我就知道我不可能成功”或“我就是这命，干什么都不顺”。

心理游戏根据严重程度，会带来不同的后果。

1 度心理游戏：在社交层面会让人稍微感到不舒服，但在社交中可以接受。

2 度心理游戏：为生活带来明显改变，但不会造成永久、不可补救的伤害，如被炒鱿鱼、分手、离婚等。

3 度心理游戏：导致身体的伤害，直接导致受伤甚至死亡。

二、职场中的经典心理游戏

1. 努力的经理人

经理人 A 每天按时上下班，领导有任何要求她总是第一时间反应，快速作出应对计划，列出时间表。你找不出她的任何错误，但如果你真的把某项任务交给她，永远会不了了之。于是，领导把她叫来谈话。

领导：我们上次谈到的降低咨询成本的事怎么样了？

经理人 A：我已经列出计划了，会分别找几个区域的人谈。

领导：你估计了会有什么困难吗？

经理人 A：没关系，困难有，但我的部门肯定能克服。

一周后

领导：事情进行得怎么样？

经理人 A：×× 已经谈了两个城市，说是合作伙伴有点想法，觉得我们出价太低，但也没说不行，因为他们还是想和我们合作的。

领导：好，那抓紧进行吧。

一个月后

经理人 A：都谈完了，有几个特别难缠的也被我搞定了。看来都是看重我们的名声，想跟我们合作。

领导：好啊。不错。

两个月后

领导：我们的咨询最近多次被投诉，怎么回事？

经理人A：负责咨询质量监控的是××，他对合作伙伴太没有力度了，很多时候没有原则。

领导：那你要加强管理啊。

经理人A：好，我回去马上找他谈。

这样的经理人一般因为反应快、执行力强（表面上的）而颇受上级认可，但实际解决问题的能力很差，将很多责任放在下属身上，一旦出了问题往往推卸责任，而上级因为其一贯的周到、主动也不会予以追究。

表面上看起来，经理人A游刃有余，但她自己会永远在焦虑之中，担心是否被领导认同，担心谎话有一天被揭穿、工作出大的纰漏。所以，我们看到的表面事实是该经理人工作积极主动，计划作得很快。一些业务能力不强的上司很容易被这样的下属迷惑，因为他们不了解业务的核心，所以左右他们判断的往往是下属的态度，这种下属的态度让你永远无法挑剔。

在这种情况下，经理人A隐蔽的内心动机和潜台词是“你看，我是反应最快的吧。我是最听话、最忠于你的”。而这种态度让上司有了极大的满足感，久而久之，经理人的心理地位就形成了：你只不过是需要这个，我听话就行，最后事情成不成不重要（我好，你不好）。

（1）沟通中的自我状态

表面上看，经理人A的执行力很强，像成人一样完成了任务，但她只是做了些表面上的流程性工作，并没有推进实质性的工作。在这种沟通情境里，经理人A就像一个狡猾的儿童，领导就像父母，经理人A投“父母”所好，像一个顺从的孩子，让领导体会到了一种满足感。

（2）在沟通中什么被漠视了

经理人A认为只要让领导当下高兴、满意就好，但如果她遇上比较有经验的领导，很快就会被识破。但当她遇上虚荣、爱面子的领导时，他俩则是绝配，心理游戏会一直继续下去。

其实经理人A漠视了自己解决问题的能力。经理人A认为自己没有解决问题的能力，但有瞒天过海、逢迎的能力，而且认为后者更重要。所以从深层次来说，经理人A漠视了自我价值。

（3）经理人A如何调整

经理人A这种貌似游刃有余的应对并不像表面上看起来的那么轻松，内心的焦虑和恐惧只有她自己知道。这种混日子的生活并不能给自己带来安全感。那就赶快改变吧！

①首先要做的是了解并接纳自己，真正认识到“我行”。任何一个人都有自己独特的优势，案例中的经理人A也不例外。找到自己的优点，真正用心做工作，解决问题并不是不可能的。另外，认识到自己的短板也并不可怕，可怕的是总回避问题、不懂装懂。有些人为了掩饰自己的不足，就一直不去面对真正的问题，用敷衍的态度得过且过，装出“我行”的样子。成长是不回避自己的短板，并主动学习。

②要勇于信任别人。信任来自心理上的安全感和对自我价值的认可。要坚信自己值得他人去包容，不论是下属还是上司。每个人只要用心地去解决问题，哪怕出现不足，领导也会包容，并给你提供机会。总担心别人挑剔自己是内心的一种投射，是

内心对自己要求太过完美的外部表现。你如果挑剔自己，那你也会挑剔别人，还在担心着被别人挑剔。

（4）领导可以如何管理

管理这样的下属，领导需要头脑清晰。在工作时，领导必须让自己时常处于成人自我状态，才不容易被蒙蔽。

①每个人都容易被那些既顺从又认同自己的人所迷惑。因此，作为领导，在交代任务时，要事先明白完成任务的关键点，不要被对方态度上的顺从蒙住双眼。

②工作的节奏和考核标准要清晰，这样，考核的时候一针见血，就不会被套话迷惑。总之，领导要做到客观、有主见，不要做有偏见、只听好话的“父母”。

③领导也可以主动问下属在工作过程中有没有具体的困难，因为有些下属确实不敢直接说出困难。

2. 原来领导只想让我“听”

经理及职员小李进行了这一段对话。

经理：小李，这个客户很难缠啊，说说你有什么想法。

小李：是麻烦，感觉要求又高，出的价又低。

经理：所以才觉得烦。

小李：要不找家当地的供应商，这样可以降低成本。

经理：唉，找了。但杯水车薪啊，解决不了大问题。

小李：这个，还真是，以前的项目咱也尝试过了。当地的资源也是现成的。按说，和竞争对手比起来，我们算是很有优势的了，没想到做起来还是这么困难。

经理：是啊，现在这市场形势太恶劣了，和几年前大不一样。

小李：就是，几年前客户哪会有这么多的要求，现在可是越来越精明了。

经理：简直就是刁钻，就他们那个老总，又要评估，又要录像。

小李：嗯，好在咱都有准备，录像的事咱提前和老师们打过招呼，评估咱也有现成的工具。

经理：是，应付下来问题不大。

小李：在应付这样的客户时，我看很多同事还挺老练的。您以前敢于把大家调到一线锻炼真是很明智。

经理：可不，幸亏有这样一批人。好了，这个季度任务看来没问题了。咱谈谈季度考核和奖金的事吧。

小李：好啊，大家都盼着呢。

表面事实：经理找小李谈话，想寻求更好的解决办法。

隐蔽的内心动机和潜台词："应付这个客户好累啊，需要疏解一下。"

这是一次成功的心理游戏。沟通的发起人是经理，开始也是"是的，但是"心理游戏，小李也确实险些进入游戏中。第一个回合，小李提了"找家当地的供应商"建议。被否定后，小李转变得很快，开始表达认同并关注积极的成果，不再扮演想提供帮助的"父母"角色，所以心理游戏并没有进行下去。这个游戏的成功之处在于小李关注到了领导的内心动机。从沟通的自我状态来说，这个游戏也始终处于“成人—成人”的沟通之中。

其实在职场中，我们也会遇到很多类似的场景。很多时候，当领导用这样的问话开头时，我们会错误地认为对方是在寻求建议，其实多数情况下，这只是领导惯用的开场白，因为领导需要一个合理的理由开始对话。作为领导，不可能用求助的方式开始对话，例如“我最近压力很大，咱聊聊”。所以，每当这个时候，聪明的下属应该去关注领导的情绪，而不是具体问题。

很多人在尝试过提建议之后才明白：原来领导只需要我去处理他的焦虑情绪，并不需要我的建议，我做个好的倾听者就够了。

让我们来看一下这次成功沟通的转折点发生在哪里。小李是一个觉察能力很强的人，两轮沟通之后，就不再提建议了，开始进行理解式的倾听。在这个沟通过程中，小李有几点做得很成功：

①放下了自己先入为主的判断，不再建议。

②用各种不同的方法说“是”：领导说市场难做，他认同难做；领导说客户难缠，他同意难缠。不仅如此，小李还指出具体的例子说明客户多么难缠。如此几轮，小李成功地让领导感受到，自己是真的理解他的压力。

③倾听之后的欣赏恰到好处。理解了领导的难处之后，再适时地恭维一下领导的成绩，言外之意就是“困难这么多，领导还能做得这么好”，让领导暗暗得到肯定，也能缓解他的焦虑情绪。

3. 被冤枉的秘书

总经理端着一杯咖啡，愣愣地在出神，最近关于副总的事很让他困扰。这位副总是他好不容易挖来的，原来他对这位副总寄予了厚望。没想到进来后，这位副总在处理人际关系和管理团队方面有很大的问题，空有其名。这位副总进来快一年了，问题越来越严重，已经到了让他不得不作决定的时候了。但当初跟这位副总签的合同是2年，怎么跟他谈解聘是一个棘手的问题，如何善后也是一件麻烦事。

总经理越想越烦，正在这时，秘书推门进来，喊了声“周总”。总经理手一抖，满满一杯咖啡洒到了电脑上，导致电脑瞬间关机。于是他气急败坏地喊道：“进来不知道敲门吗？你怎么搞的，那么大声干什么？看你把我害的。”

郁闷的秘书一边赶快收拾桌子，一边小声嘟囔：“我敲了好几声，以为你听见了。”

总经理生气地说：“还说什么说，快收拾，乱七八糟的，烦死了！”

表面上，我们看到的是鲁莽的秘书打断了深思的总经理，遭到了斥责。而实际上，让总经理生气的原因并不是电脑被洒上了咖啡，而是那句“烦死了”。他在为什么事情烦呢？显然是因为自己用人失误的事情。之前决策失误的挫败感和不知如何处理的焦虑感困扰着他，秘书的出现只不过让他把心里的这些情绪表达了出来。他可能一直在想的是“都怪那个不靠谱的猎头公司，怎么给我推荐这个人”“这个可恶的副总，枉我对他寄予这么大的希望”“我真是糊涂，怎么就把他招进来了”。可怜的秘书一进来，就撞到了枪口上。于是，总经理对猎头公司、副总以及自己的抱怨都指向了秘书，情绪一下子爆发了。

“看你把我害的”其实是“看你们把我害成什么样子了”，这句话才是他最真实的反应，所以他隐蔽的内心动机和潜台词是“这个倒霉的猎头公司和这个无能的副总可把我坑苦了”，心理地位自然也是“我不好，你们也不好”。

(1) 沟通中的自我状态

从表面上看，总经理是以严厉的父母自我状态对闯祸的秘书进行指责，其实是处于儿童自我状态的总经理在对自己解释：都是他们让我陷入这么狼狈的状态。

(2) 在沟通中什么被漠视了

在此情境中，心理游戏的发起人是气急败坏的总经理。他漠视的是改变的可能性及个人解决问题的能力。

用人失误在企业中是正常现象，每个老板都可能会经历，通过自己的管理来解决是迟早的事。但可能这位总经理以前没有遇到过这种情况，所以会乱了方寸。很多时候，我们遇到一些困难会觉得挺不过去，等解决了之后再回头看，又觉得那根本不是问题。可是一旦夸大问题的严重性，就会像上述案例中的总经理这样，陷入儿童自我状态的恐惧中，变得六神无主。

(3) 总经理如何调整

一个领导尤其需要觉察自己的压力和情绪状况。本例中，总经理的压力到了一个临界值。而他的压力反应是情绪反应：

烦躁。在烦躁的时候，他进入了儿童自我状态，进行自我否定。不过大部分领导者遇到这种情况时，往往会转换成挑剔的“父母”，去指责别人。

当出现“情况糟透了”这样的想法时，不妨多说几遍“情况真的糟透了”。多次的重复往往会形成一种强烈的刺激，激发自己的觉察能力。一个本质上积极的人，是不会允许自己在负面状态下停留太久的，所以多次的重复之后，很多人会对自己说：“很糟吗？真的那么差吗？也没有吧？”很好，反省在这个时候就出现了。

当反省出现后，人就会从儿童自我状态中出来，恢复到理性的成人自我状态，同时开始整合资源，研究可能性，找解决问题的办法。

4. 挑剔的行政总监

职场中有一种人总是带着放大镜去看别人的问题。行政总监晓璐就是这样的人。不论是对于平级的同事还是下属，她总能挑出对方的问题。在她的手下工作是非常难的事，她所在部门的人员流动率也非常高。多则 1 年，少则 3 个月，总有人因为和她相处不好而离职。人力部门对此很恼火，每年为行政部门招聘新人几乎成了人力资源管理人员最头疼的一件事，因为好像没有人能达到晓璐的标准。

我们看到的表面事实是一个挑剔的总监把挑剔当成完成完美工作的一种途径。在很多公司，这个甚至成为被提倡的工作作风。但当这种挑剔不仅无助于工作效率的提高，反而给自己和周围的人带来麻烦时，问题就不这么简单了。

晓璐的安全感来源于挑出别人的问题，“指出别人的不足才是我的能力”。但其实她对自己的弱点非常清楚，一直尽全力不暴露自己的缺点，于是挑剔和指责别人成了她最坚实的外壳。这样，当别人指责她时，最多说她太挑剔了，而“挑剔”却可以解释成是为了工作。她其他方面能力的缺失反而被隐藏起来。其内心隐蔽的动机是：指出你们的问题，我的问题就可以不被发现了。心理地位和潜台词是：“我知道自己不够好，但你们别想发现，我会先发现你们的。”（我不好，你也不好）

（1）沟通中的自我状态

这样的心理游戏就像一个孩子考得不好，回到家怕被父母责骂，就说：“我们班小胖考得更差。”所以晓璐的心理游戏肯定是来自儿童自我状态的。但表面上看，晓璐却是以一个挑剔的父母自我状态出现的。

（2）在沟通中什么被漠视了

在此情境中，心理游戏的发起人是行政总监晓璐。她漠视的是改变的可能性及问题的严重性。

表面看上去她只是挑剔，但她一直不敢面对自己能力的缺失才是最大的问题。她怕下属做不好工作的原因实际上是担心自己没能力掌控局面。正因为看不到真正的原因，就引出了第二方面的问题：她不认为提升个人能力是可能的。心理游戏玩到最后，人力资源部门就会发现，需要重新考量晓璐的管理能力，也许最应该被换掉的人是她。

（3）晓璐如何调整

让没有安全感的人自我调整是一件很难的事，因为放下挑剔和指责会让她感到恐惧，没有了这层壳她就不知如何生存，所以这样的人是相当固执的。只有出现大的变故，比如人力资源部门找她谈话，建议她认真考虑自己的职业前景时，她也许才能意识到危机。

调整的第一步是客观评价自己。晓璐不妨求助于人力资源部门，看看同事或第三方对自己的评估，了解一下自己在工作中暴露出来的优势和劣势。澄清优势会进一步确立自己的自信心，看清劣势可以有效规避风险。这样就能知道哪些问题和局面是自己可以掌控的了。

第二步，作为管理者，最核心的部分是用人而不是自己去做工作。所以，第二步是认清下属的优势和劣势，给每个人分配合适的工作，这样就可以有效避免案例中出现的情况。

5. 法官上司

两个中层经理发生冲突，来找王总。

销售经理A：王总，咨询部实在太过分了！

王总：怎么了？

销售经理A：客户要的数据又错了，我怎么跟人家交代？对方老总都急了！

王总：这么严重？我问问。

王总：怎么回事？我们不是强调过嘛，你们是支撑部门，要无条件服务于销售部门。

咨询经理B：没有错啊，是对方客户误解了我们这项指标的含义，所以才急的。我们已经解释过了。

王总：行了，反正以后注意点这事啊。

但是这样的事情之后又反复发生，咨询经理B觉得自己并没有错，每次被叫来“挨板子”，只会让他与销售经理的矛盾越来越深，沟通更加困难。

职场中处理下属的矛盾是领导重要的职责之一，但只轻易听信一方的言辞就作出反应，却是轻率的。这样做，很多时候不仅解决不了问题，反而会让冲突升级。心理游戏是如何开始的?部门经理因为工作的事发生冲突，来找领导告状。接下来发生了什么？领导根据一个人的陈述马上作出反应。每个人的感受如何？销售经理A得到了被关注和认同的感觉，咨询经理B觉得委屈、愤怒。最后的结局：事情并没有解决，可能留下隐患，冲突会升级。

在这个过程中，王总无意中当了销售经理A的代言人，让自己成了迫害者。所以在处理下属纠纷的过程中，让每个下属都不感到受害才是最重要的。

正确的沟通

销售经理A：王总，咨询部实在太过分了！

王总：怎么了？

销售经理A：客户要的数据又错了，我怎么跟人家交代？对方老总都急了！

王总：这么严重？现在怎么样？

销售经理A：说是把指标意义弄混了，刚打电话解释过。

王总：对项目会有什么影响？

销售经理A：倒不会有大的影响，只是这事让人着急。

王总：嗯，客户那边领导发起火来是挺麻烦的。

销售经理A：是啊，觉得这样的事不该发生。

王总：你觉得是支撑部门工作失误吗？

销售经理A：那倒说不上，也没算错。可能两个部门缺乏沟通吧。

王总：嗯，那你看看怎么能避免再发生这样的事，需要我从中做什么协调，你直接说。

领导应尽量让沟通简单化，弄明白下属来找自己的目的是什么，让对方提出直接可行的要求。当然，在这之前，可能有必要去处理一下下属的情绪。但这恰恰是很多领导不足的地方，我们常常觉得在职场不应该有情绪，有情绪的都是不成熟的人，所以往往会忽视这一部分。但如果大家都在情绪的影响下工作，只会让事情越来越复杂。

三、工作加油站之职场安抚

第一章里，我们讲了沟通中最温暖的部分——安抚，那职场沟通中是否传递了足够的安抚就直接影响着每个人的工作状态。其实，现在越来越多的人离职并不主要是受经济因素影响，而是因为缺乏安抚。

一位曾任私人秘书多年的女性调到另一个部门，变得愁眉苦脸、心浮气躁。她的领导跟她谈话。她说，真正困扰她的事情是她缺少了被关注的感觉。做私人秘书的时候，有人记得她的生日，有人定期和她谈心，她感觉很好。而现在的团队是工作堆积如山，大家彼此毫不关注。

在对职场压力的调研中也发现，“得不到上级的认同”是排在前 3 位的压力源之一。

企业对员工的安抚包括物质安抚、工作安抚和精神安抚。职场的物质安抚主要指和工作量匹配的报酬或特别奖金。工作安抚是给予员工一定范围内的工作自由、选择权和决定权；给予员工特殊任务，鼓励他们成为专门人才；放手让员工独立负责某一地区事务。精神安抚主要指情感层面上的安抚。例如，领导定期与下属谈心，因为有固定的和领导交流而不是汇报工作的时间，本身就是“我很重要”的体验，同时也可以让下属谈感受而不是单纯解决事情；给员工过生日也是一种精神安抚，现在越来越多的单位都会关注到员工生日；关注特殊节日，诸如在“三八妇女节”，很多企业早就不再只是给女性发放日用品，而是开展美妆沙龙、瑜伽课堂、插花培训等，让女性的精神得到安抚。

还有一些企业会设计一些特殊的安抚。例如，一家世界 500 强企业为了让新入职的大学生尽快融入环境，找到归属感和价值感，便安排这些大学生轮流安排食堂的菜谱，因为这些大学生来自天南海北，能否吃到自己熟悉的食物在很大程度上影响着他们的适应速度。这种创造性的做法，让新入职的大学生更快适应了新的工作环境。

第4章

CHAPTER

在关系中做真正的自己

——伴侣沟通

永远记得你同时拥有这两个部分：
关系中的自己和真实的自己

第一节
伴侣关系中的“你、我、他、她”

童话里的伴侣关系是这样开始的：从此王子和公主过上了幸福的生活。现实中的伴侣是这样的：“凭什么春节要先回你家？”“为什么总是我辅导孩子作业？”“我可不想让我儿子将来跟你一样！”“你怎么跟你妈一样？”“我不是你爸，让你妈一辈子呼来喝去地使唤。”“我可不想跟你妈似的，一辈子当你们家的老妈子。”全世界的伴侣似乎都有相同的怨言……

伴侣关系是我们离开父母之后，为自己寻找的另一种亲密关系。伴侣之间没有血缘关系却要超越血缘关系，这就是最大的冲突。我们不可避免地会平移父母的关系模式，但你和他却不是当初的父母。同时，伴侣沟通比职场沟通、亲子沟通更复杂，因为伴侣之间的沟通没有明确的层级和规则，但每个人心中不明确的层级和规则又无处不在。“我们家就是我妈做主”“我家是我爸说了算”“男的就应该主外，家里的事最好少参与”……我们带着原生家庭的各种经验和规则建立了新的家庭，却忘了确认对方是否同意。

当进入亲密关系的时候，我们都带着激情和很多理想化的期待。比如，期待对方成为我们的理想“父母”，给予我们父母没有给予的东西。通过伴侣关系去获得我们童年时没能充分得到的东西是一种修正性的体验，获得这种体验是人类基本的需求。这也是我们如飞蛾扑火般进入亲密关系的巨大动力。沟通分析心理学的创始人艾瑞克·伯恩在他的著作《人生脚本》里说过，好的伴侣关系对童年创伤有稀释的作用。

在伴侣关系确定初期，我们很难看到对方身上的负面特征，否则就无法恋爱了。沟通中这些正面感觉我们大部分都有过，随着柴米油盐生活的到来，伴侣双方的负面感觉越来越多了，沟通也由多变少。很多时候，我们是在和脑海里那个想象的伴侣过日子。我们常常在无意中重复各自心目中“他和她”的关系，而忽略我们需要去创造和建立属于“你和我”的“我们”的新模式。

首先来识别一下父母和我们自己的伴侣关系类型，有助于我们确认自己的方向。

一、伴侣关系类型

1. 爱情型

爱情型有两种类型。一类是由美貌与性吸引而导致的结合。这种类型隐藏着一定的风险，因为美貌与性魅力会逐渐减弱，假如婚姻缺乏其他基础，或不能过渡到以双方人格相容性为基础的爱情，那么这种婚姻往往会出现危机。另一类是以人格的相似性或互补性为基础的结合，由于人格具有相对稳定性，不像容貌、性魅力那么易变，所以这种结合一般能使婚姻平稳而幸福。

2. 功利型

功利型的婚姻是以爱情之外的出身、学历、财产、社会关系等条件为基础的结合。因此，当夫妻双方的收益与成本基本平衡时，婚姻能持续让双方感到满足。其风险是，如果夫妻双方的收益与成本出现不平衡，则容易导致危机。同时，由于夫妻关系的理性色彩浓厚，两方都难以获得爱情享受，所以往往在两方关系紧张时，一方或者双方会寻找婚外情，从而导致婚姻关系破裂。

3. 平等合作与分工型

平等合作型的夫妻双方平等地分担家务，分工型的夫妻双方根据各自的特点分工料理家务。这两种类型的共同点是双方均进入自己的角色，又对对方有相应的期待。彼此都认识到对方在家庭中的价值，有较强的责任感，所以家庭生活较为和谐、稳定。

4. 建设型

建设型的夫妻双方在共同目标下，勤勤恳恳地生活和工作。他们有创家立业、教育子女等共同目标，并围绕这些目标密切合作，达成一个目标后，又追求新的目标。他们在生活中勤奋肯干，能抑制家庭过度消费，在共同努力中感受生活的意义，使婚姻维持与发展。他们可能遇到的问题是双方的精神生活不够丰富，当达成目标后，一方可能变得满足，继而懒散，以致关系出现裂痕。

5. 惰性型

惰性型的夫妻双方会迅速地对婚姻失去热情。他们不能发现婚姻生活中需要解决的问题，不愿进行新的尝试，只希望按老样子生活。他们的生活没有紧张冲突，缺乏享受和乐趣。这种毫无生气的婚姻生活，最终会丧失活力。

6. 失望型

失望型的夫妻双方在新婚时百般努力，力求建立美满的婚姻生活，对婚姻有很高的期待。但他们不久就发现，婚姻生活中有种种不满意，现实不理想、理想不现实，对方的表现也远非当初所料，因此感到失望。

7. 一体型

一体型的夫妻双方在较长的共同生活中相互体贴合作，在性格、爱好、习惯上彼此适应，融为一体，双方均把对方看成是自己的一部分，相敬如宾，心心相印。此种类型的夫妻关系稳定美满，不足之处是较为封闭，如一方离去，另一方寂寞难忍。

二、认识伴侣关系中的“你和我”

1. 两性看待关系的模式不同

在建立伴侣关系的初期，由于激情的作用，我们往往只感受到彼此之间的喜欢，常常忽略彼此是不同的性别。性别这种天然差异带来的不同对日后生活的影响深远。

在某次心理培训课程上做过一次这样的练习——邀请大家

画“我的家”。结果发现，女性描述的家十分具体，在自己的画面中几乎占全部的比例，而男性画面上我的家只占很小的比例，家中的细节也看不到，这足以显示两性在看待关系的模式上存在着明显的不同。

女人眼中自己的家

男人眼中自己的家

关系在女性心目中有着举足轻重的作用，女性也愿意分享自己的“关系”。而与之相反，关系在男性的世界里占比天然小一些，同时，他们也不愿意分享自己的“关系”。面对差异的正确态度是接纳差异，不贴标签，即不因为男性画的家“小”而否定男性的作用，他们只是方式或形式不同而已。女性只需要明确提出要求，不要去评判伴侣的模式。

2. 男女生理差异对沟通的影响

很多伴侣会因为开车时认路而吵架。在判断方向时，女性的大脑擅长用色彩和地标，男性擅长处理距离和方位。所以，男性遇到女性指路会抓狂。

在识别方向上的差异，只是两性生理上一个很小的差异，除此之外还存在以下差异：

①青春期之后，两性的身体体格和力量差异越来越明显。男性的身体成长得更强壮、更有力量，受到伤害的可能性更小。而女性也需要保护自己，所以女性在语言方面的攻击力会越来越强，表现为反应速度更快，情绪表达更清晰、强度更大；记忆力更好，表现为更擅长翻旧账；更擅于使用轻度攻击，如抓、掐、挠、咬，其实这些都更像是“虚张声势”中的“造势”。

②女性遇到事情，情绪唤起非常明显，但女性的情绪处理过程比较慢，所以女性更容易受到情绪困扰。当说起伤心的事情时，分别对女性和男性的大脑进行测试。女性说伤心事的时候，整个大脑都会有反应，而当男性说同样的事时，大脑里只有很少的区域有反应。人身体中的血清素是一种神经传递介质，有助于情绪的稳定。女性体内的血清素只有男性的一半，而男

性制造血清素的速度比女性快52%。所以吵架后，女性的情绪更明显，而且久久不能释怀，而男性却能扭头大睡或正常上班。

③女性对疼痛有高度的敏感性，而男性对这个敏感性缺乏重视，所以女性会因为男性不关注自己的疼痛感而认为对方漠视自己。

④女性对听觉有更高的敏感度，所以女性更容易接受语言方面的安抚。而当男性用“理性、平静”的声音说话时，容易被女性解读为缺乏情感和关爱。

⑤沟通时，女性通常靠“说”，而男性更多时候是在自己的大脑中“自言自语”。恋爱中的女性经常抱怨男性不回应自己，男性觉得委屈：我回复过了呀。可是核实聊天记录却发现，真的没有回复，男性其实是“在大脑里说过了”。女性对此就会很无语。这是因为在两性的进化过程中，在原始人阶段，男人主要是单独出去打猎，看到猎物后要进行立体化的距离、方位评估，而且要安静地评估，否则会惊扰猎物。所以当男人一个人待着时，他的大脑中可能在“说话”。如果女性这时去跟他沟通，可能不会收到回应。另外，在进化过程中，女性会结伴去采摘果实，所以可以随时沟通，并学会观察色彩和形状。

⑥女性沟通的广度往往大于男性。女性像是光圈很大的探照灯，广度大、清晰度低，所以女性在一次沟通中可以说很多件事情，但每件事都不会说得深入。男性就像是光圈小的探照灯，广度小、清晰度高。在沟通的时候，如果女性能抑制自己一次搞定所有事的驱力，沟通效果也许会好一些。

3. 伴侣沟通的两种类型

在伴侣沟通中，沟通双方可以简单地分为两种类型。

①乌龟型：遇到事情大事化小，小事化了，面对分歧多采取回避并退缩的态度。

②雹暴（非常大而密集的冰雹）型：不放过任何一件小事，在每件事上穷追不舍，探求真相并充分表达情感。

这两种类型经常出现在一个关系中，处于这个关系中的双方互相加强，形成追逃模式：一个越追，一个越逃；逃得越快，追的人就越愤怒。应对方法：乌龟型的那一方痛恨被分析，他们只有感觉安全才会从“壳”里出来；雹暴型的那一方需要关注和理解，可以多问他们“发生什么了，我怎样可以帮到你”。

从“他们”回到“我们”

1. 从你的角度看，你父母的伴侣关系是哪种类型？他们这种婚姻组合带给你的积极的经验是什么？消极的经验是什么？

2. 你期待你的伴侣关系是哪种类型？邀请你的伴侣做同样的觉察，并一起讨论你们的伴侣关系，确认彼此的目标是一致的。

3. 询问自己，什么是你想从父母或童年那里得到但没有得到的？

4. 询问你的伴侣，什么是他想从父母或童年那里得到但没有得到的？

5. 邀请伴侣做如下练习：

列出母亲的5个负面特点：

____

列出母亲的5个正面特点：

____

列出父亲的5个负面特点：

____

列出父亲的5个正面特点：

____

6. 在伴侣沟通中，你们是哪种类型？

你觉得在父母的婚姻中，父亲是______________，母亲是______________。

在你的伴侣关系中，你觉得自己是______________，对方是______________。

在后面的第二节、第三节中，都将帮你识别、评估伴侣双方的关系在哪个阶段、沟通方式如何，以及双方的期待是否一致，以达到评估当前伴侣关系、厘清父母关系带来的影响的目的。

第二节

伴侣关系的四个阶段

根据进入伴侣关系的年限，我们有不同的描述。

第 1 年是纸婚（意思是一张纸印的婚姻关系，比喻最初结合薄如纸，要小心保护）；第 2 年是棉婚（加厚一点，尚须磨炼）；第 3 年是皮革婚（开始有点韧性）；第 4 年是丝婚（缠紧，如丝般柔韧 ，你侬我侬）；第 5 年是木婚（硬了心，已经坚韧起来）；第 6 年是铁婚（如铁般坚硬永固）；第 7 年是铜婚（比铁更不会生锈，坚不可摧）；第 8 年是陶婚（如陶瓷般美丽，并须呵护）；第 9 年是柳婚（像垂柳一样，风吹雨打都不怕）；第 10 年是锡婚（如锡器般坚固，不易跌破）；第 11 年是钢婚（如钢铁般坚硬，今生不变）；第 12 年是链婚（像铁链一样，心心相扣）；第 13 年是花边婚（多姿多彩，多样化的生活）；第 14 年是象牙婚（时间越久，色泽越光亮美丽）；第 15 年是水晶婚（透明清澈而光彩夺目）。

以后每 5 年一个名称：第 20 年是瓷婚（光滑无瑕，须呵护，不让跌破）；第 25 年银婚（已有恒久价值，是婚后第一个大庆典）；第 30 年是珍珠婚（像珍珠般浑圆，美丽和珍贵）；第 35 年是珊瑚婚（嫣红而宝贵，色泽出众）；第 40 年是红宝石婚（名贵难得，色泽永恒）；第 45 年是蓝宝石婚（珍贵灿烂，值得珍惜）；第 50 年是金婚（至高无上，婚后第二大庆典，情如金坚，爱情历久弥新）；第 55 年是翡翠婚（如翡翠玉石，人生难求）；第 60 年是钻石婚（夫妻一生中最大的一次结婚典庆，珍奇罕有，今生无悔）；61~70 年结婚周年纪念，中国人统称为“福禄寿婚”。

按上面的说法，伴侣关系到第 6 年就是铁婚，夫妇感情如铁般坚硬永固。但现实中真的是这样吗？经常说到的“七年之痒”又是怎么回事呢？下面这个亲密关系的阶段理论可以帮你更好地识别自己和伴侣到底处于哪个阶段。

亲密关系四阶段理论是由美国临床心理学家伊琳 · 贝德和彼得 · 皮尔森在 1988 年提出来的。

关系发展四阶段

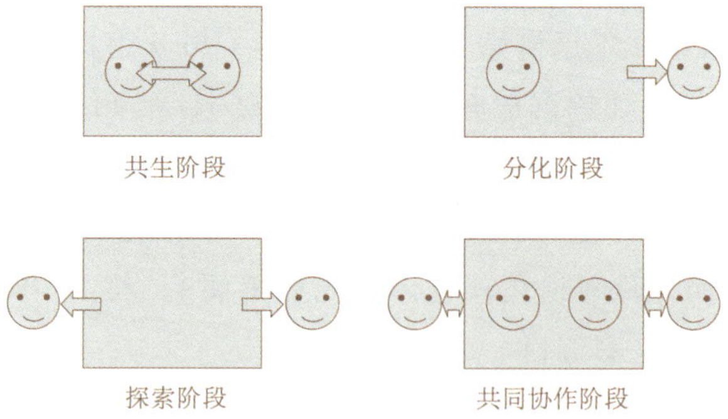

在这张图中，每个圆代表在关系中的个人，方形则代表关系。在形成关系前，我们都是分离的个体——两个“我”。两个“我”形成关系后，就成了“我们”。就这点来说，我们也可以看见个人在自主与亲密需求间的挣扎——既需要有独立自主的个人空间，也渴望在亲密关系中得到滋养与支持。

一、共生阶段

1. 特点

初期的共生或罗曼蒂克阶段，通常是在伴侣关系开始的前9~12个月，就像孩童在初生阶段与母亲的关系一样，伴侣在共生阶段的初期是相互依附而且一致的：你快乐我就快乐，你不快乐我就不快乐；没有你，我就活不下去；你在哪儿，我就在哪儿。在此阶段，伴侣会觉得失去对方，自己会是不完整的。

这个阶段的两个人想时时刻刻在一起，世界的其他事物变得不重要。两个人的差异被缩小，而相似性被放大：我们是如此地相像，就像是天生一对。这种相互依附的感觉是如此的美妙，也许是世界上最美好的感觉。我们需要这个阶段，因为它满足了人天生想与他人联结、亲密、成为一体的需求。

在这个阶段，伴侣会结婚或互许承诺，买房，生孩子。在这个阶段幻灭之前，这些联结维系着伴侣待在一起。这些联结虽无法一直联结着伴侣双方，但至少可以让关系维持得久一点。但不管我们多喜欢这个阶段，此阶段都不该永远持续，因为这并不是真实的爱或健康的成长关系。此阶段你侬我侬的关系，会让伴侣间的界限模糊，彼此相互侵入对方的生活，从而形成限制个人自主发展的家庭结构。如果彼此只讲究忠诚与情感的融合，对情绪、金钱甚至事业缺乏界限，导致个人无法思考和感受，就会对双方的独立自主思想形成与正常的人我界限建立产生阻碍。

在这个阶段，随着现实事务的增加——孩子、房贷、工作、压力与彼此的争执……有一个片刻，共生阶段会消失，伴侣双方也不再处于幻觉中。这个拐点会给你一个机会从成人层面去面对并处理你的失望，但你可能会发现自己像“充满敌意的孩子”或是“受伤的孩子”，还想去维持这种共生关系。

人在婴儿期和父母之间的关系是一种健康的共生关系。可如果我们长大后，和伴侣之间还要维持这种关系，就是一种不健康的共生关系了，因为对于成年人来说，健康的关系还需要其他的社会交往。

若伴侣一直把关系维持在这个阶段中，便会对对方的爱“成瘾”，因为双方都在抢着当关系中的“儿童”。每个人处于儿童自我状态时，都会害怕分离、害怕被遗弃，都期待对方像“父母”那样满足自己的需求，保护自己，照顾自己。这时如果没有了对方，另一方就像婴幼儿失去父母亲一样，会对自己一个人好好生活完全失去信心。在这样的状况下，伴侣关系就会变得极不稳定，甚至出现暴力。

这种把自己所有的情感寄托在伴侣身上，幻想只通过一个人来满足自己的情感需要，同时也不允许对方有自己的时间和空间的情感共生模式注定会失败，因为与外界隔绝的关系就是无源之水。如果两个人生活在一个封闭的系统之中，就从相互依赖变成了相互禁锢，这时的爱情就成了心理负担。伴侣会害怕对方离开自己，最初的密切关系也会变成小心翼翼的紧张关系，因为把对方当成唯一的人，期待对方随时在我们身边、提供给我们一切是一种儿童式的幻想，不是一种建立在彼此人格完整基础上的关系。

2. 调整方向

处于这个阶段的伴侣，要了解此关系发展阶段的特征，知道这一阶段只是彼此关系的第一步，要理解目前联结彼此的是什么。伴侣双方需要在关系中一起努力，分化成长为“大人”，对彼此的情绪需要做安全的表达和宣泄。完成这些任务，才能让关系向更亲密、更健康的方向转变。

此阶段，伴侣双方应该认识到以下方面：

①彼此间可以联结，但也允许相互成长。

②可以用安全的方式，表达不同的意见或愤怒，但彼此间仍是相爱的。

③可以学习用成人自我状态来面对冲突与解决问题，而不是逃避或漠视问题的存在。

④相信情感与理性是维系关系的两把钥匙，缺一不可。

二、分化阶段

1. 特点

第二阶段之所以叫分化阶段，是因为伴侣中的一个人开始觉得两个人的生活有些乏味、自己没有喘息的空间。有时生活模式的转变，也会将伴侣的关系带入此阶段。比如，因为工作需要，伴侣需要分开在不同的城市，或是为了带孩子，两人的时间需要错开。分化阶段开始于关系中某一个人需要将更多的注意力放在另一件事上，而不是伴侣身上。例如，有了孩子后，妻子需要更多地照顾孩子。开始分化的那一方会说“我需要跟我的朋友们聚聚”“我得出差一段时间，你自己在家吧”“孩子就够我忙的了，你不仅不能帮忙还添乱”。

随着时间的推移，伴侣开始用较客观的角度去看对方。对方不再完美无缺，甚至有人会开始想：我们的关系是对的吗？他（她）真的是我的灵魂伴侣吗？

许多伴侣在这个阶段产生了问题，因为伴侣中的一方想要有更多独立的需求或个人的空间，有许多的争吵也会在这个阶段发生，这是这个阶段的特征。于是，寻求亲密关系与独立需求的平衡，成了此阶段的重要议题。但在现实中，我们看到有些伴侣想要继续当“儿童”以维持共生，不想改变过去的亲密关系，这会进一步引起关系中的冲突，因为另一方想去探索更多的个人空间。不想改变的一方会问对方“你还爱我吗”，并思考着是否该离开，再找一段关系。许多伴侣也真的在此阶段选择了分开，特别是当牵绊比较少的时候，分离就比较容易，所以彼此间有联结在一起的事务还是重要的，如孩子、房子等。这些事务会让分离变得更加困难，并且需要时间去处理，这也为伴侣关系持续下去增加了时间和可能性。

2. 调整方向

基于上面的关系动力，伴侣在这个阶段都需要各自发展一些独立的活动或事物。这些活动或事物可以是工作、运动、培育兴趣爱好、交友或其他。重新拥有一部分自己的生活，而不只在伴侣关系中生活。每个人都有伴侣关系之外的空间，每个人每天都会带回新鲜的资讯，这将为伴侣共处创造更多有趣的话题，并有效减少彼此相处的烦闷感与紧张感。我们可以想象，当伴侣所有的时间都在待一起，将会让关系变得很折磨人，也很无趣，有时甚至让人觉得被淹没或窒息。伴侣要知道分化是伴侣关系发展的必然现象，也是伴侣关系健康成长的必经过程。因此，伴侣们需要理解这个阶段的特色与重要性，并寻求应对之道。

除了各自发展一些独立生活外，这个阶段也需要打破亲密共生的幻想，并开始给彼此分离的允许。很多人因为童年的创伤或是一些错误的爱情理念，会把这个阶段的各自探索看成“被抛弃”的事件。其实不然，在个人成长或伴侣关系发展的过程中，分离是必经的阶段——让自己分化成为完整自主的人，把共生或罗曼蒂克的、幻想的爱，转化为成熟而理性的成人之爱。也就是说，伴侣关系中不只有浪漫与依赖，也包括了理性、分离、冲突和差异。所以，每个人都需要尊重伴侣的个人空间，并练习在关系中平衡各自的独立需求和亲密需求。

此阶段，伴侣双方应该认识到以下方面：

①你可以表达生气，但不要用侮辱性的语言或行为伤害自己与伴侣。

②你可以拒绝对方不顾及界限的亲密需求，以此来建立自己的边界。

③你可以学习为自己考虑，并接受伴侣也能为自己考虑。

④你可以接受对方与你分离，去做他（她）自己喜欢的事，而你依然爱他（她）。

三、探索阶段

1. 特点

第三阶段为探索阶段或独立阶段。在此阶段，伴侣双方成长为不同的独立个体，而不再是一个“我们”。伴侣的一方或双方会更聚焦进修、亲子养育、培育兴趣爱好等，而不是伴侣身上。若伴侣双方同时进入此阶段，会感觉彼此像两艘齐头并进的船。若只有一方进入此阶段，另一方还停留在上一阶段，则双方的距离会越来越远。

但真正的危机是伴侣双方不知道发生了什么，感觉不再被对方需要或渴望。在这个阶段，伴侣双方会产生许多抱怨：“我是你生活中排名最后的，我对你不再重要了。”“你只考虑你自己。”“你不愿意再花时间听我说话了。”

分离或外遇通常会在此阶段发生，特别是当一方仍希望“被需要”或者“被照顾”时，他们就会从外面找个“需要他们的人”或者“照顾他们的人”。此阶段往往会出现在伴侣双方的工作生涯中或养育孩子期间，可能会持续很多年。

2. 调整方向

这个阶段是关系成长的阵痛期，伴侣双方需要克服感觉上的疏离，同时主动建构更多的对话与安全感。因为当一方还想保持对对方的依赖，而另一方想往独立的方向成长时，就会产生潜在的冲突与挣扎。只有当双方在关系中感觉到足够的安全，都准备好要在稳定的关系背景下去追求各自的空间与发展时，双方的关系才能更成熟地向前发展。请看下面的例子：

伴侣中的男方：我觉得我今天有件事办得太差劲了。

伴侣中的女方：怎么啦，脸色不好，要说说吗？

在上例中，你可以看到伴侣并没有在竞争“儿童”的位置：伴侣中的男方表达了脆弱，并和他的伴侣分享经历，而伴侣中的女方同理地回应了他。因此，可以说，男方的儿童自我状态在女方这儿是安全的，这种高信任度可以支持他俩关系的成长。

所以在探索阶段，伴侣双方在情感上的支持与理解变得更为重要。在这个阶段，伴侣间相处的时间会减少，但沟通的品质需要提高，即便有各自的事要忙，但在伴侣有心理需求时，仍要保持足够的关注，给予支持，否则双方会因环境与心理因素渐行渐远。

如何在独立与亲密中达到平衡呢？这需要彼此保持觉察，尊重彼此的差异，并学习给彼此自主的空间：允许对方做自己，并发挥自己的潜能，或我们通过学习伴侣关系的课程，从纠缠的关系中释放彼此。这样，我们就能对彼此的分离感到安全，并能在共处时也觉得舒适，从而在独立与亲密间取得平衡。

在支持伴侣成长的同时，你也要独立地让自己的需求获得满足，而不是去依赖伴侣的给予。这样，你就完成了这个阶段的发展任务。

此阶段，伴侣双方应该认识到以下方面：

①伴侣可以学习在关系中真实地表达自我，不必假装、讨好或忍耐。

②允许伴侣和你在一起时的所有感觉的存在。

③你可以展现自己的真实状态，认可自己的真实情感。

④即使与伴侣意见不同，也不影响彼此相爱，可以一起成长。

⑤了解求同存异、互相尊重是健康关系发展的必然过程。

在这个阶段，伴侣双方会不断发现对方新的一面，尊重彼此的差异，重建对彼此的认同，并重获某部分的相互依赖。事实上，两个独立的人的观点摆在一起，会创造出比一个人思考更佳的状态。这是一个崭新的、有活力的关系。这种非常有创造力的关系比共生阶段的“我们”更有力量、更流动，也更丰富。因为伴侣双方都不再抢夺共生关系中的“儿童”位置，都能尊重对方做他自己，不再玩相互指责的游戏，并将两个人不同的观点融合或调和，成为更好的第三意见，真正建立“我好，你好，我们好”的三赢局面。

四、共同协作阶段

1. 特点

共同协作的关系不再是共生关系中的 1/2 加 1/2 等于 1，而是一个人加上一份关系，再加上一个人，等于 3。在这个阶段，开始有更深的生命融入感注入其中，伴侣会对彼此充满感恩。他们像是形成了一个新的组合，运用各自的潜能去应对生活中出现的新挑战，创造一些新的事物，让这个关系不断拥有新的功能。重要的是，他们不再是各自独力完成，而是形成一种互惠的相互依赖关系，使得亲密感更加深化。与此同时，双方都变成了真正认同的自己，在内心深处彼此信任，在关系中发挥自己全部的潜能。

对大多数的伴侣而言，第四阶段的关系是一件真实而美好的生命礼物，是值得等待并为此努力的。但是伴侣双方无法跳过中间的阶段，直接到达第四阶段，中间阶段的成长与挣扎是必经阶段。若伴侣双方在分化阶段或探索阶段选择离开，并与另一个人进入新的伴侣关系，其仍然需要和新的伴侣经历这些阶段的学习或挣扎。

2. 调整方向

如果在中间阶段，伴侣中的一方或双方选择了离开，也无须气馁，重要的是在每段关系中获得成长。伴侣关系的质量和结局受到错综复杂的因素的影响，经济条件、工作性质、孩子抚养、父母婚姻质量等都参与其中。很多伴侣最后会进入无望的结局：我不相信我们能过好，我也不相信有过得好的婚姻，我也懒得离开，但也懒得作出任何改变。

所以要强调的是，关系改变需要伴侣双方都作出改变。通常伴侣双方不会在同一时间都作出改变。但若有一方坚决不改变，并坚定地认为不需要改变，另一方的离开也是自然的。当然这种离开或许只是心理上的疏离，而婚姻关系不改变，又或许是真正结束伴侣关系。每个人对伴侣关系的期待都会受到父母或家族深远的影响，改变起来并不容易。所以如果伴侣关系结束，也要做到不苛责自己。

第四个阶段是相互依赖的阶段，但这个依赖和第一阶段的不同，是两个独立的个体深度地相互信任与联结，从而形成更高质量的相互依存关系。在这个阶段，双方无论是做自己还是在一起，都是自在的，并能承诺一起解决问题，达成长远的共同目标，因为彼此间的信任度与和谐感是较高的。

第三节

伴侣沟通的情感纽带
——建构伴侣关系的安抚系统

我们经常说家是港湾，这背后传递的心理需求是“在家里，我可以放松，可以不用担心被评判，可以自在地做自己；当我做这一切的时候，我能得到家人的认同”。认同就是在第一章里提到的正面安抚。人们需要正面安抚是因为人有三种饥渴。

一是接触的饥渴。每个人都有与他人在肢体、情绪和精神方面接触的需求：我能触摸到你；我能对你自然地表达我的感受；我跟你有很多有趣的话题。

二是认可的饥渴。每个人的存在感都需要得到确认，伴侣需要知道自己在对方那里是重要的，对对方是有意义的。

三是结构的饥渴。每个人在关系中都需要以某种方式度过时间，这也就是第一章提到的时间结构。伴侣在一起的时候，需要探索做什么才能让对方的感觉更美好。

如果伴侣双方在沟通中多传递正面安抚，尤其是无条件的正面安抚——“我就是看你好，怎么都好”，彼此间的信任度和欣赏感就会与日俱增，情感的银行就会存储颇丰。反之，如果彼此在沟通中传递的多是负面安抚，那么无论热恋期多么亲密，情感银行也会日渐枯竭。在这里，要强调一下，在伴侣之间，最应该避免的是无条件负面安抚，如“要你有什么用”之类的语言，这种言语对感情的伤害是毁灭性的。

一、找到伴侣的安抚需求

每对伴侣都有自己特定的传递安抚的方式。在一次培训课上，有一位女士分享了她的德国老公给她的正面安抚：用100张小纸条写下了对她的100条赞美，并翻译成中文。这个安抚被在场的所有女士羡慕。中华传统文化偏内敛，使得国人常常羞于表达正面安抚。甚至当伴侣的一方开始学着去表达时，对方会觉得不正常。在一次伴侣关系的培训课上，培训老师让大家写下对伴侣的正面安抚并发给对方，收到的回复令人啼笑皆非：

你又在上什么乱七八糟的课？

说吧，你又想买什么？

你又犯什么错误了？

……

用语言表达对伴侣的认同只是传递正面安抚的一种方式。“爱的语言”有很多种，下面的小测试可以帮你觉察伴侣之间如何传递对彼此的正面安抚。

爱的 5 种方式

请以直觉回答下列 10 道题，从两句中挑出最符合自己想法的选项，并圈选句尾字母。

1. 我喜欢收到赞美与肯定的小纸条。A

我喜欢被拥抱的感觉。E

2. 我很喜欢备受呵护的感觉。B

我很喜欢被人服务的感觉。D

3. 当家人拍拍我的肩或摸摸我的头时，我会感到被爱。E

当我收到家人送我我不经意提起的所需物件时，我会感到被爱。C

4. 我喜欢和家人去散步或旅行。B

我喜欢和家人击掌或牵手。E

5. 家人送我我想要的东西，我就知道家人心里有我。C

得到家人的肯定，我有种被爱的感觉。A

6. 家人为我做的事，比言语的表达更能感动我。D

被拥抱让我觉得与家人更亲近，也觉得自己很重要。E

7. 我喜欢和家人共处的感觉。B

爱的具体象征（礼物）对我很重要。C

8. 我喜欢听家人称赞我的成就。A

家人热心实践我的要求，我会觉得被爱。D

9. 我喜欢和家人一起完成一件事。B

我喜欢家人告诉我：他们以我为荣。A

10. 我很珍惜家人送我的礼物，那是他们在乎我的象征。C

我喜欢家人用行动表达对我的在乎。D

请统计每个英文字母被圈选了几次：

A:____次　B:____次　C:____次　D:____次　E:____次

5个字母代表了爱的5种方式，通过测试结果可知自己和伴侣喜欢的爱的方式是哪种。

A：肯定的语言——运用赞美并表达感谢，但千万不要以责备代替关心。

B：精心时刻——关掉电视，放下手机，投入当下共处的时光，给伴侣心无旁骛的注意力。

C：礼物（食物、物质层面）——庆贺一些特殊节日、日期等，经常聚餐，准备一些礼物，动手做一些食物等。

D：服务之举——为家人做一些他喜欢你为他做的事。

E：肢体接触——拥抱、牵手、拍肩等。

和你的伴侣一起做这个测试，找出对方最喜欢的爱的方式。如果可以，每周至少给对方一到两次他（她）所想要的安抚类型，并将此安抚的感受存入安抚银行，感觉被爱与欢愉。此外，别忘了向对方表达感谢。

通过一些这样的小练习去了解对方的安抚需求是重要的。伴侣之间的安抚不需要跟别人去比较，不要把关注点放在“别人的丈夫做了什么”，重要的是去思考和表达“我想从伴侣那里获得什么”和“我的伴侣想从我这里获得什么”。例如，有一位妻子分享了夫妻之间爱的方式。丈夫说：“我可以做家务，但是我需要你来陪我说话。”也就是说，这位妻子每周要有固定的时间陪丈夫聊天，这对丈夫来说就是最大的安抚。而妻子需要丈夫帮自己做一些家务，让自己有一些放松的时间。这样，双方都得到了安抚。所以，伴侣要花些时间和心思去了解对方想要的安抚。

二、两性安抚的差异

伴侣之间表达安抚的一个技术性难题是性别差异。

女性像一位公主，需要感觉在伴侣那里她是最重要的。女性通常会抱怨：你的工作、你的同事、你的嗜好都比我重要，我是排在最后一位的。而她们的伴侣通常就会觉得困惑，并会说：你对我当然是重要的。

从这个表达中，我们可以看到差异。男性觉得“重要”就够了，女性要“最重要”。这个重要性还需要用行动展现给女性伴侣看，需要用时间来证明，这样才会让她感受到“真的最重要”。女性还喜欢听到并且多次重复听到对方用语言表达安抚。

而男性像骑士一样，他们需要有价值感，并在关系中有一定的掌控感。他们首先希望自己在关系中被需要。许多男性表示他们没有感觉被需要，认为自己像是“家庭的打工人”，除了感觉自己是养家糊口的人，其他部分都没感觉到自己被需要。所以女性可以用各种方式来满足男性想要被需要的需求，当然，女性不应提出过多的用来满足共生关系的需求，这样会让男性有逃离的想法。

男性一旦作出了贡献，还喜欢被伴侣感谢和肯定。因此，女性可以尝试去表达“幸亏有你做了这件事！……”。

男性在关系中是需要权力的。当前越来越多的中国家庭是女性掌握权力，决定孩子的教育、家庭财务、重大决策等。很多男士爱开玩笑说“我们家小事我老婆管，大事我说了算，但是我们家到目前为止没大事”。在伴侣关系中，没有话语权就会让男性有被物化的感觉：我只是一个资源。

男性需要安抚吗？毫无疑问，他们需要！但他们更不善于要安抚，因为他们觉得要安抚是弱者的行为。他们非常想在两性关系中维持那种高傲不屑的姿态，像是“小男孩儿”的伎俩。但其实，他们内心非常渴望安抚。来看看下面的故事。

晓丽的丈夫在离她200多公里的地方上班。在丈夫生日的当天，晓丽偷偷给他送了一束花，花的价格只有150元，而配送费就100元。

丈夫收到花后特别开心，像个小孩子，“嘚瑟”极了，拍了花的照片，并发了人生第一个微信朋友圈。同时，他也收到了周围同事的祝福，单位的领导和同事还特意为他办了一个生日会。

通过这个故事我们可以感受到：

1. 男人和女人都是需要被看见、被宠爱的。

2. 当我们用心爱我们的家人时，他的自尊水平才能提高，才能被周围更多的人爱和尊重。

3. 作为一名女性，需要同时拥有爱与被爱的能力。

对于已婚的男性来说，还有一种安抚是特别需要的，那就是良好、放松的婆媳关系。因此，已婚女性在给伴侣正面安抚时，处理好婆媳关系就是重要的一方面。

在处理婆媳关系时，女性要有以下几个方面的认识。

首先是对关系定性。你和婆婆不是敌人，也不是有血缘关系的亲人，更像是同事，因为在生命的很长时间内，你们需要合作。你们爱的人是相同的，你的婆婆也爱你的伴侣和你的孩子。虽然你会叫她“妈”，但她不是你的亲妈，意味着你和她相处不能太情绪化，不能想说什么就说什么。说话和相处要像同事一样，有分工合作，互相尊重。

其次，不要期待你的丈夫来处理你们的冲突，更加不要期待丈夫站在你这边，因为对丈夫来说，这意味着“背叛”。当然更形象的描述是，两个女人发起脾气来都像“狮子一样凶猛”，“羊”很害怕，会觉得躲得越远越好。

再次，她对待你丈夫的方式和对待你的方式完全不同，所以你告状时，丈夫不会相信，因为他的感受完全不同。

最后，你的婆婆没有你期待的那么好，但可能也没有你想象的那么坏。有条件的话尽量保持空间距离，没有条件也可以用时间换空间，比如周末可以带孩子出去，尽量避免待在一个空间里的时间太长。

晓丽还分享了她与婆婆的相处之道。结婚后，她长期和公公、婆婆住在一起，化解婆媳矛盾的秘诀是对待婆婆就要像对待自己上司一样，多点恭维。

每年，晓丽在单位获得了荣誉都会第一时间分享给婆婆，然后告诉她：“妈，我的成绩都是您的功劳。您看您多厉害，培养了一个优秀的儿子，一不小心又培养了一个优秀的儿媳妇。”她婆婆听了很开心。晓丽每次都会把公司发的奖金分给婆婆，告诉她这是老人家培养儿媳妇的辛苦费。

实际上，婆媳关系本质上是没有血亲关系的家人关系，矛盾冲突是会有的。但是当我们选择和一个人结婚的时候，其实我们在“潜意识”里就已经接受了他的亲戚关系，特别是母子关系。既然是接受的，就需要用心经营。

三、如何寻求安抚

伴侣间的安抚十分重要，那伴侣相互获得安抚的方式有哪些呢？主要有以下几种方式。

1. 直接寻求安抚并表达感谢

有些人从小在有安全感的家庭环境中长大，因此会直接寻求安抚并表达感谢，这一切在他们身上都非常自然。

“给我倒杯水，谢谢！”

“我车钥匙找不到了，帮我找找吧。”

“太好了，幸亏有你。”

“老公，你是不是特别感恩遇到了我呀！”

注意，这里的简单、直接，只是强调这些人提出安抚要求时很自然，并不是高高在上地发出指令，也并非觉得对方为自己服务理所当然，这种自然背后包含着感恩的心。

2. 做一些事情来唤求安抚

有些人很难直接提出安抚要求，他们会努力地做一些事情来唤求安抚。

①用批判对方不够好的方式安抚自己：你以为都像你吗？做事毫无计划。

②炫耀自己：看我，想做什么就都能做到。

③用生病等扮可怜的方式来寻求安抚。中国男性最常见的寻求安抚的方式就是生病。只有生病，他们才能自然地卸下“坚强的战士”的面具，坦然地接受照顾。

有些伴侣分开的原因是从对方那里要不到安抚，原因大致如下。

①不表达安抚需求而等着对方猜，觉得张口要来的安抚不是真正的安抚。

②只想单方面地要安抚，从不给予对方安抚。

③坚信怎么也不会要到安抚，所以不表达、不期待。

④只接受自己熟悉的安抚方式，对伴侣表达的其他安抚方式视而不见。

⑤只接收负面安抚，不相信正面安抚。

⑥从不示弱，假装自己无所不能，谁都不需要。

⑦幻想所谓“完美”的安抚，用别人的优点来要求自己的

伴侣。

四、安抚与时间结构

第一章我们讲过，人与人沟通的时候，度过时间的方式又分为6种，分别是退缩、仪式、闲谈（消遣）、活动、心理游戏和亲密，也被称为时间的6种结构。

我们可以思考一下，我们和伴侣在一起时，是如何度过时间的？

大多数有了孩子的伴侣在一起的大部分时间是用来处理事情，比如照顾老人、孩子，准备饭菜，安排出行等。也就是说，有孩子的伴侣度过时间的方式以活动居多。这样的伴侣时间结构从家庭功能上来说是没问题的，但从安抚质量上来说，是远远不够的。这样的伴侣双方更像是“公司合伙人”，总让人感觉少了点什么。

要想在常见的时间结构中增加亲密感，可以试试下面的方法。

①退缩：与其退缩在客厅中各玩各的手机，不如主动邀请对方聊天。

②仪式：除了重视日历上的节日，还可以纪念对伴侣有特殊意义的日子。

③消遣：除了管孩子、干家务，还可以相互之间分享一天的趣事与心情，以保持对对方生活的好奇心和新鲜感。

④活动：与其进行流程性的简单活动，不如选一个可以放松、安静的地点待在一起。

⑤心理游戏：停止争吵，通过做游戏或者做运动来享受真正的游戏时光。

⑥亲密：彼此分享感受，表达真实需求，享受和谐的性关系等。

五、调动不同自我状态来表达安抚

伴侣关系是人生中非常重要的亲密关系之一。对于看重关系的女性来讲，就更为重要。当我们从原生家庭中离开，进入一段伴侣关系时，就是在组建一个属于自己的“家”。进入一段伴侣关系也意味着我们真正地长大了。从这时起，有一个人不因为血缘对你好，而只因为欣赏你而愿意和你待在一起。但同时，我们也往往疏忽了这个事实，虽然对方不是跟自己有血缘关系的父母，但我们会期待伴侣像理想父母。好的伴侣确实会自然疗愈我们成长中的创伤，补充我们在父母那里没有得到的安抚，让我们感受安全、信任和喜悦。那么，到底怎样算是好的关系、好的沟通呢？

在一段好的关系里，伴侣可以用 5 种自我状态进行良性的沟通：伴侣间的控制型父母自我状态部分比较一致，没有大的冲突，可以互相认同；伴侣间的养育型父母自我状态部分可以互相保护；伴侣间的成人自我状态部分可以开放地沟通、解决问题；伴侣间的自由型儿童自我状态可以让双方玩到一起，享受其中；伴侣间的适应型儿童自我状态部分可以灵活转换，互相配合。一段好的关系是既可以让对方待在关系里，也可以允许彼此离开，有自己的成长空间。

很多时候，伴侣间不能给予对方需要的安抚，是因为不能灵活地调整自己的 5 种自我状态。

伴侣中的每个人都应该思考如何形成伴侣间的有效、独特的安抚策略。有时候，我们给予对方的安抚只是我们想给的，并不是对方所需要的。这时，双方都会感到挫败、空虚和不被爱。我们需要知道，对某种安抚的偏好，是儿时发展出来的，伴侣双方都需要在这个基础上有所拓展，即练习给予和接受新的安抚形式。我们可以称之为“你的安抚”和“我的安抚”之外的“第三种安抚”。

这种安抚策略停止了抱怨式的沟通，并给予伴侣关系一个新的努力方向。这种策略也能让伴侣双方进行重要的觉察：每个人都是不同的、独特的个体，所需的安抚形式也是不一样的。只有当伴侣双方都了解到对方并不是恶意扣押他们的爱，只是在用自己独特的方式给予爱和安抚（从原生家庭学来的），并在此基础上，通过讨论发展出“第三种安抚”方式时，双方的关系才会有进展，彼此间的安抚水平才会跃上一个新的高度。

第四节

常见的伴侣沟通类型

尽管我们讲了很多安抚的技巧，有些人还是很难对伴侣表达安抚，这时我们需要回头审视一下伴侣沟通的类型。

一、冲突型

1. 特点

①伴侣双方经常性地发生语言或肢体的冲突，不能保持亲密，也不能完全地分离。这对双方来说是最安全的，用争吵来保持安全距离。

②孩子会目睹并学会用争吵来保持距离或达到目的。

③伴侣双方在外人面前表现得很和谐，私下里双方很难以成人自我状态讨论事情，总是用战斗形式解决分歧。

④伴侣双方对冲突不承担自己的责任，都认为是对方不好。

⑤伴侣双方习惯用愤怒情绪保护自己、捍卫权利，不能表达真正的感受和需求。

⑥伴侣双方相信“婚姻就是这样的”，不承认有良好的伴侣关系，不相信能获得亲密关系。

冲突型伴侣沟通

2. 处理方法

①停止争吵，各自承担自己的责任，承认双方都需要学习伴侣沟通的技巧。

②勇于表达彼此真正的感受和需求。

③坦率讨论对关系的态度：要走还是要留；要不要一起努力等。

④不再竞争，转向合作。

⑤每天给予对方正面安抚。

二、害怕分离型

1. 特点

①伴侣双方都害怕分离，这种状态也被形象地称为“两人

联合对抗世界”。双方都缺乏安全感，并担心离开对方便无法生存，所以用一种非常融合的方式依赖对方，导致外部世界被隔离。伴侣双方从现实层面认为：外面的世界很可怕，待在家中才安全。

②这样的伴侣关系系统非常僵化。由于与外部世界隔离，孩子的成长资源会受限，孩子本身也会受父母情绪问题的干扰。孩子发展的物理、心理空间都受限，便会常常担忧父母或家中的状况出现问题，或对自己有失败的预期。

③在伴侣关系中，不断强化依赖与退缩，所有向外的探索都不被鼓励。其背后还有一个隐藏信息，即“如果你强大了，就会离开我”。

④家庭中焦虑、担心的情绪容易弥漫。

⑤父母会限制孩子的能力发展或不相信孩子会成功。

2. 处理方法

①坦诚交流伴侣双方的恐惧感。这些恐惧感大部分根源于家族或是童年经历，可以通过心理咨询去除影响。

害怕分离型伴侣沟通

②鼓励彼此拓展新的关系，建立新的社会支持系统，减少对彼此的依赖感。

③看到对方的成长并表示欣赏。

三、过度有能或无能型

1. 特点

①伴侣中的一方表现得好像没有依赖需求，另一方则表现得完全依赖，双方都需要另一半来弥补自己过度有能或无能的缺陷。唯一能让过度有能者放松下来的方式是生病，而让过度无能者独立的唯一方式是伴侣的离开。

②孩子在这样的家庭中长大，可能会去模仿父母的行为模式，在关系中扮演有能或无能的一方。

③过度有能的一方一般是父亲，所持的信念是“要坚强、不要表达感觉”。

④过度有能的一方的情感往往是疏离的，过度无能的一方会有抑郁甚至绝望的情绪。

⑤如果过度有能的一方是母亲，她一般是扮演男性或整个家庭的拯救者，完全漠视自己的需求。

2. 处理方法

①伴侣中过度有能的一方，需要提醒自己“照顾自己很重要”，可以表达感受，并提出自己的界限，承认有自己解决不了的问题。

②过度无能的一方，要看到自己的能力，开始解决问题。

③欣赏对方表现出自己不熟悉的一面，全然接纳对方真实

的样子，打破幻想，不再和“想象中的伴侣”过日子。

④如果不能改变，双方都有权利离开这种让自己很“无能”或者很“有能”的关系。

过度有能或无能型伴侣沟通

四、主导或顺从型

1. 特点

①这种类型源于伴侣的一方没有安全感，于是千方百计去控制另一方；而另一方则害怕被控制或被压抑得窒息，所以用暗中操控的方式，以获得真正的控制地位。表面上看，是主导者掌控了一切，但事实上顺从者才是真正掌控局面的人。顺从者只有在主导者同意给他想要的东西时，才真正同意扮演顺从角色。

②这种关系真正的议题不在于能力，而在于谁才是真正掌控局面的人，情势常会反转。

③这种家庭的孩子通常会以父母为榜样，并在往后的关系中，选择其所景仰的父母角色来扮演。

④会有关于伴侣关系的刻板印象。例如，男性就是大男子主义，不会真正关心女性；女性要保护自己，就要强势，控制家里的钱和权力。

⑤会通过语言暴力或肢体暴力来解决分歧，顺从方在揭露底牌之前，会有异乎寻常的痛苦忍受力。

⑥主导方会有“世界以我为中心”的幻想。一旦情势反转，会变成顺从者接受“异乎寻常”的不平等条件，以配合对方的报复行为，实现权力的平衡。

主导或顺从型伴侣沟通

2. 处理方法

由于这种伴侣沟通类型中有太多的隐藏沟通，很难靠伴侣之间进行自我调整，大多数情况是需要向外求援的，以建立安全的伴侣关系。

五、疏离型

1. 特点

①又称“各自为己”或“不计一切代价保持自主”型。这种类型的伴侣在追求亲密关系时，不确定自己的自主需求能否被满足，认为亲密与自主两种需求是互斥的。他们心中秘密地期待亲密，但又怕被过度亲密困住。

②他们会向外面的关系寻求安抚。伴侣双方都会采取一种“离开你身旁一步，以得到我要的”的策略。双方很难向彼此作出承诺，所以彼此间的忠诚度与融合感是比较低的。

③在这样家庭中长大的孩子，很快就会学到防卫别人，且无法看重任何人。他们学到的是向关系外的人寻求安抚。

④在这样的伴侣关系中，伴侣双方会认为“事比人重要”，会忽略伴侣的感觉去追求事务性的目标。

⑤伴侣之间很难表达真正的情绪，常会用“很好”“没感觉”“平静”“就那样”来掩饰自己的情绪。

⑥如果伴侣双方都是情感疏离型的人，则很难关注或发现孩子的需求。

2. 处理方法

①伴侣双方都可以进行心理咨询，学习如何真正关注到对方的需求。

②讨论如何在维护关系的前提下，既能保有个人自主空间，

又能改善双方的疏离状况。

疏离型伴侣沟通

六、自主或相互依赖型

1. 特点

①这种类型的关系，将亲密与自主的需求看得一样重要。伴侣双方在关系中都能独立（身心与经济方面），并追求自己的兴趣，同时也能依据自己的渴望，与对方协商出可以亲密的方式与时间。

②伴侣双方可以直接提出自己的要求，并尊重对方说“是”或“否”的权利。同时，双方也知道，伴侣说“是”，不代表他永远都说“是”；伴侣若说“否”，也不代表他永远都说“否”。用这种成熟的方式说“是”与“否”，信任感与安全感就会被建立起来，且两人都能体验到自己所希望的亲密与自主。

③孩子在这样的关系中长大，会学到父母是如何保持亲密

并保留自己想要的空间，同时也会学到如何用协商的方式解决问题。

④这是建立在“我好，你好”基础上的伴侣关系。在这样的关系中，每个人的感觉都是重要的。

⑤伴侣双方都可以在保持自主的同时，放松地表达对依赖的需求。

2. 处理方法

这是伴侣关系中非常理想的深度融合状态，其形成的前提是双方都深度地理解并接纳自己与对方。

自主型伴侣沟通

伴侣沟通类型有时会单纯地表现为一种，但更多是两到三种的组合，如主导或顺从型常与冲突型相伴。伴侣沟通比与父母沟通、职场沟通都复杂：其一是因为受原生家庭影响很大，那些不生活在伴侣身边的人依然发挥着影响；其二是生活的现实压力是持续的，伴侣并不能随时在一个放松、安全的状态下调整沟通，大部分时候不得不在压力下进入不良沟通循环。

在压力下，伴侣双方都无法真正表达自己的需求。例如，每个人处理恐惧情绪的方式都不一样，有人习惯亲近他人以寻求帮助，而有人则认为与他人保持距离能消除恐惧感、获得安全感。这个时候，如果一方要靠近，另一方就会觉得被控制或要窒息了；一方想要独立的空间，另一方就觉得自己被拒绝或被遗弃了。其实，伴侣双方需要去学习识别对方目前是否正处在他自己的恐惧情绪里，而不是在控制或拒绝自己，如此一来，便不会一直将对方的行为作针对自己的负面解读。一旦看对方行为的观点变了，自己的感受也会跟着改变。此时，亲密与自主的需求，变得可以协商。

第五节

伴侣沟通中的心理游戏

本书第一章介绍了心理游戏的概念。伴侣之所以在亲密关系中玩心理游戏，是因为这是各自儿时熟悉的经验和模式。我们想要跟伴侣重现与父母的“亲密”，却经常在无意识间走入误区。

以下是伴侣间常玩的两个心理游戏。

一、看我多努力啊

1. 出场人物

尽职尽责的丈夫：每天开车接送妻子，回家做饭，陪妻子逛街、买衣服。

抑郁的妻子：几乎不用做任何事，孩子由保姆带，家务由丈夫做，只需要上班，但一直处于抑郁状态，没什么朋友。

在咨询中，双方有了以下对话。

丈夫对咨询师说：我觉得她的性格有问题，太内向了。在这个城市没朋友，跟同事的关系也不大好，一上班就紧张（丈夫描述的是所有人都能看到的事实）。我偶尔出去和老乡或朋友吃饭，她不停地给我打电话。我要带她一起去，她又不愿去，说不喜欢这种场合。

妻子对咨询师说：他从不关心我。

丈夫对妻子说：我还要怎么关心？上下班每天接送，你想逛街我也陪着。你几乎什么都不用干，还要我怎么样呢？就这样，你还和我的父母吵架。我觉得不是我的问题，是你的性格有问题。

妻子对丈夫说：我觉得我很在意你的感觉，你高兴不高兴，你喜欢什么，我都很在意。但你从不在意我是否高兴。我只希望自己不高兴的时候你能哄哄我、迁就我。

丈夫对妻子说：我觉得婚姻就是每个人做自己分内的事情，我把该做的、不该做的都做了。

妻子对咨询师说：我不怕干活儿，如果我高兴了，很多事我都愿意去学、去做。他是我谈的第一个男朋友，当时我刚到这个城市，感觉很孤单。认识他以后我很依恋他，但我现在感觉不到他对我用心。

丈夫对咨询师说：她总是这个样子，每隔两个月就闹一次，我都受不了了。当时只觉得两个人是老乡，各方面的条件很合适，虽然感觉不到那种激情，但觉得她也很文静，应该不会有什么争执，但没想到现在过成这样。我觉得她离了我就没办法生活。有时出去应酬吧，她也不愿去，还总是不停地给我打电话，问我什么时候回来，让我在朋友面前很没有面子。

妻子对丈夫说：我怎么没办法生活呢？我一个人能上班，也能照顾自己。你回来晚了，我都不能问吗？

这是很常见的婚姻情境。在这个游戏中，我们经常会看到一个完美的妻子或丈夫。他们尽职尽责，非常努力。但伴侣的感觉并不好。心理游戏的发起者其实是看上去完美的一方，所以我们把这种沟通心理游戏命名为“看我多努力啊”。不了解情况的人都会站在丈夫一方，责怪妻子：你老公都这样了，还不知足，真是“身在福中不知福”！但婚姻的真实感觉并不是我们表面看到的那样，每个在婚姻里的人都是甘苦自知的。

表面事实是丈夫努力尽职，做了能做的一切，妻子却并不买账。丈夫觉得妻子有问题，不可理喻。但其实丈夫做了好多行为层面的努力，唯独保留一样：情感上的付出。这才是丈夫隐蔽的内心动机和潜台词：我已经做了能做的一切，不要再要求我的情感。丈夫借此回避伴侣间真正的情感交流，通过心理游戏证明自己是无辜的，婚姻质量不好和自己无关。

丈夫之所以有这样的行为，来源于他最初的婚姻动机。他以前谈过一次刻骨铭心的恋爱，没能结婚。他选择妻子的原因是她是他的同乡、性格安静、工作稳定，是结婚的合适对象。由此我们可以看到他的潜台词是：你并不是我真正欣赏的人，我们只是合适，我能做到现在这样已经非常不容易了。丈夫的心理地位是“我好，你不好”。

2. 沟通中的戏剧三角形

丈夫最早扮演的是拯救者，对一个在陌生城市感到孤单的女孩儿付出关心。到真正走入婚姻时，他已有自己的决定：双方只是条件上合适，自己在情感上并没有感觉到爱的激情，所以只要尽责就好。这时，一个不付出真心的丈夫就成了迫害者。等到妻子感受不到真心的关爱时，他表达自己的无辜，又成了受害者。

3. 沟通中的自我状态

婚姻是我们从父母身边离开后寻找的另一种亲密关系，表面上丈夫尽职尽责，做了所有好丈夫该做的事情，但唯一没付出的是情感，反倒对妻子有一种没有表达的指责：你这么不成熟，离开我你根本都不能独自生活，你也不值得我付出那么激烈的感情。所以他做了那么多，妻子都感觉不到关心和爱。妻子感受到了他的漠视和指责，所以总像一个委屈的孩子。

4. 在沟通中什么被漠视了

所有的沟通心理游戏中都有漠视。在妻子的表达中，我们看到了她被压抑的激情和对丈夫深深的依恋。这一切，都是被丈夫漠视的。在这个案例中，丈夫完全漠视了妻子作为一个女人希望被丈夫欣赏和接纳并投入感情的需求。他认为，找一个条件合适的妻子只是为了过日子，不可能再有那种心动的感觉和爱的激情。而背后，其实是他对自己价值的漠视，认为自己不能找到真正爱的人，只能找到适合过日子的人。

5. 丈夫如何调整

本例中的丈夫其实根本不了解自己的妻子，也就不可能做到真正地欣赏妻子。他只看到妻子好像不善于处理日常的事务，所以认为对方没有独立生活的能力。但其实娇弱的妻子也是一个独立成熟的女人，有自己照顾自己的能力，并不是一个没长大的小女孩儿。她需要的不是丈夫保姆式的照顾，而是一个男人的爱。

究其原因，我们可以看到丈夫其实并没有从过去的情感创伤中走出来，他提到当时结婚的动机是“感觉双方是老乡，各方面的条件合适”。这种合适更多的是外在社会层面的，如家庭出身、工作、经济等方面，他从一开始就没关注到双方的情感和心理层面。对他来讲，这个婚姻更像一个水到渠成的任务，所以婚后他不去正视妻子的爱，也不去正视自己获得幸福的能力。这种情况，妻子肯定是能感受到的。妻子感受到了丈夫在情感层面的漠视，感受到了他缺乏激情的一面。丈夫需要做的是慢慢放下自己的过去，体会妻子对自己的感情，真心地去关心她、爱护她，同时也要了解妻子的优点及能力，并表达欣赏和认同。这会让对方感觉到爱。

6. 妻子如何调整

①妻子也要增强自己的成人自我状态，不能像孩子一样被动地等待丈夫的关心和照顾。妻子应该从承担家庭的义务开始，照顾孩子，做家务，和丈夫出去应酬，让自己的外在表现更符合一个成熟女性的要求。只有自己强大起来才会让对方重新审视自己。

②妻子可以更主动地安排家庭的时间结构，如安排一起外出的活动、生日的仪式、亲密的二人世界等，用自己的激情唤

起对方的热情。

③从两个人的状态看，丈夫跳过了恋爱期直接进入了“过日子”状态，而妻子的情感一直没能得到满足，还停在恋爱期，在角色上也没有转换到一个妈妈该有的状态，仍然处在一个“恋爱期的小女孩”状态。这是妻子需要认识到的。

“看我多努力啊”这一心理游戏的关键词是“看”，是做给别人看的，而不是真的用心。

二、要不是为了你

1. 出场人物

妻子：某研究所主任，博士。

丈夫：私营公司经理。

丈夫情绪不稳定，总是因为很小的事发脾气。

在咨询时，他们有了以下对话。

妻子对咨询师说：我不知道他会在什么时候发脾气，有时是跟朋友一起吃饭，有时因为在小区停车，有时因为我不回家吃饭。那个时候他像变了一个人，完全不顾及形象。我是个要面子的人，觉得这样在朋友和同事面前特别丢脸。

丈夫对咨询师说：这么多年，她很自私，并不关心我。当年我们一起在研究所工作，但20世纪90年代初期，脑体倒挂，工资非常低。记得有一次，儿子看到别的小朋友吃香蕉，妻子想买衣服，我却拿不出钱来。妻子也认为，两个人都做研究工作，生活没办法过下去。她总是唠叨。我看不了自己的亲人受委屈，所以辞职出来创业。当时我的父母非常反对，因为我是家中唯一的儿子，父母一直希望我事业有成。但我为了家庭，还是坚持了自己的选择。经过十多年的拼搏，家里的经济状况有了很大的改观，我从没让她为钱操过心，儿子也已经出国留学。现在，她事业有成，却越来越不关注我。她很少回家吃饭，总是说忙。我在想，如果当初我不辞职，我也会非常优秀的。要不是为了这个家，我怎么会选择这条路？

妻子对丈夫说：我觉得大家都是成年人，应该自己照顾自己。你太细腻、太敏感了，关注的都是小事。

丈夫对妻子说：对，我关注的都是小事。因为家里的大事都由你决定，如何投资，在哪里置业。我很希望把自己妈妈接来，但你不愿意，只好作罢。

妻子对丈夫说：我做这些事是因为我确实有能力，我投资的收益确实很好啊！

丈夫对妻子说：你不知道我当时出来创业吃了多少苦，受了多少委屈。一个搞研究的人出来经商，处处求人，看人脸色，面对客户要特别小心，生怕说错话，每天好多细节都必须想到。现在好不容易生意上了轨道，我不需要再花那么多心思在生意上，所以想好好享受一下家庭生活，但你总是忙。

妻子对丈夫说：我有自己的工作，没有你那么多的自由时间，不可能拿出那么多时间陪你，以后也做不到。

丈夫对妻子说：我当初为了你和儿子，可以牺牲自己的事业，你现在为什么不能为了我牺牲一点呢？

妻子对丈夫说：我怎么牺牲呢？你让我辞掉这个领导的职

务，我不甘心；你让我辞职，我更不愿意。

丈夫对妻子说：我现在真是后悔当初的选择，在我的心中，家庭占到了 90%，但现在我怀疑这是否值得。

这是在婚姻中常见的游戏。丈夫心中深深埋着三句话：“要不是为了你和儿子，我怎么会辞职，放弃自己的事业？”“要不是为了你高兴，我早就把我妈接来尽孝了。”“我从不考虑自己，一直在为你牺牲，但我没有得到自己想要的（你的关注）。”所以，丈夫内心的压抑感和不满情绪非常多，才会总因为小事发脾气。

因为目前感觉不好的是丈夫，所以我们的分析从丈夫的角度出发。我们把这种沟通心理游戏命名为“要不是为了你（们）”，这也是丈夫内心深处的潜台词。

表面的事实是丈夫为了家庭牺牲自己的事业：从最初为了改善家庭生活辞掉了适合自己的安逸工作，到为了发展去做自己并不擅长的市场开发，其中的艰辛可想而知。如果我们了解一下夫妻建立家庭的过程就可以知道，在这个案例里，维系两人关系的前提就是“丈夫要让妻子过好的日子，不让妻子吃苦”，所以丈夫隐蔽的内心动机是希望通过满足身边人的所有要求，来获得自我价值感和认同感。

在本案例中，丈夫从不让妻子为钱操心，给了她优厚的物质条件，以此来证明自己的价值，从而获得安全感。但他会认为自己做这一切都是为了妻子，所以他也会对妻子抱有同样的期望：你也应该照顾我的感受。但他失望了，所以他的潜台词就是：为了家庭我勇于牺牲，而你太自私了。此时，丈夫的心理地位是“我好，你不好”。

2. 沟通中的戏剧三角形

在游戏的开始，丈夫是家庭的拯救者，他创造的丰厚收入改善了家庭生活条件。当他感觉到自己没受到妻子关注时，变成了受害者。最后，他又开始指责妻子自私，后悔自己的选择，认为妻子是导致自己辞职、不能当孝子的罪魁祸首。此时，他又成了一个迫害者。

3. 沟通中的自我状态

表面上看是丈夫像父母一样保护自己的妻子（儿童自我状态），但心理层面的真实状况是一个丈夫像儿童一样希望得到妻子（父母自我状态）的认可。而妻子并没有读懂这个信息，还在像孩子一样依赖对方，她心里的潜台词是：不要对我提要求嘛，你的事我也没办法。

4. 在沟通中什么被漠视了

①存在的问题。20 世纪 90 年代，因为物质资源的匮乏，很多家庭的孩子吃不到水果、妻子不能买漂亮的衣服。但大多数人都不会因此放弃公职下海经商。丈夫为什么这么做呢？是自己喜欢吗？不是！丈夫坦言，自己的个性内向敏感，并不适合经商，面对客户做销售时压力还是很大的。他这么做是因为“自我价值的条件化”：对他而言，他的自我价值是以满足妻子和孩子的所有需求为条件的。这才是真正的问题。丈夫也认为只有这样，才能维系两人的感情。

继续去看丈夫为什么有这样的想法，会发现我们熟悉的情节：一个家境普通但个人条件优秀的男孩喜欢上了一个家世很好的女孩儿，开始时肯定有很多障碍。但男孩很痴心、很执着，发誓会一辈子对她好，不让她操心，让她一辈子都快乐。婚姻生活的规则就是这样形成的，这才是这段婚姻中真正存在的问题。

②问题改变的可能性及解决问题的能力。在本案例中，丈夫认同妻子的感觉“两个做研究的人没办法生存”。但是在那个年代，很多人都坚持了下来，而且待遇都在不断提高。所以，丈夫漠视了问题改变的可能性，也漠视了个人在坚持不放弃公职的条件下解决生活问题的能力。

5. 丈夫如何调整

①丈夫应发展自己的成人自我状态，即自我价值的去条件化。成年人的认知是：自身的价值评定要更多来自内在，而不是依赖于他人的肯定。

②正视目前存在的问题。丈夫有了越来越多的空闲时间，不知如何去利用，这才是他真正要解决的问题。中年以后，夫妻两人都开始有了更多的自我空间，有自己的交际圈。当一方过于忙碌，而另一方过于空闲时，就容易出现这种落差感。真正的亲密关系是既能紧密地在一起，又能各自独立去寻找自己的空间。能独立安排自己的时间结构是每个成年人应该有的能力。

③不再扮演受害者，要像一个成年人一样照顾自己。恋爱和婚姻是不同的。在恋爱过程中，我们都会把对方像孩子一样照顾，体会那种最亲密的依赖关系。因此也可以说，爱情过程

更多的是一种情感体验过程。在这个过程中，每个人的儿童自我状态都很多。同样，养育型父母自我状态也很多。但婚姻在本质上是一种组织的生存方式，只不过这个组织的人数比较少，但组织的规则是一样的，即要求双方都要心理成熟、独立，不能时时像孩子一样依赖对方。目前，妻子的工作正处于关键阶段，让她放弃是不可能的。丈夫需要做的是像一个成年人一样自己照顾自己，找到自己的快乐和打发时间的方式。

6. 妻子如何调整

①增加对丈夫的关注与认同，承认其在家庭生活中的贡献。其实丈夫的要求很简单，就像一个孩子考了高分想得到父母的夸奖一样，妻子需要经常表达自己对丈夫的认同，而不能认为丈夫做的是分内事，是理所应当的。这会让丈夫的儿童自我状态受到伤害。

②一起去面对丈夫目前的问题，陪他找到打发空闲时间的方法。看得出来，妻子是一个擅长社交的人，而丈夫在这方面的能力差一些。所以妻子可以帮丈夫寻找自己的兴趣和社交圈，提升他在这方面的能力。妻子的帮助对丈夫来说就是最有效的安抚。在这类游戏中，这个解决方法是最有效的。游戏的发起者丈夫之所以现在不满，是因为他现在的生活不理想，遇到了困难，感觉被忽视，所以才归因于“我现在这样，都是为了你们”。真正要结束游戏，就是要陪伴他面对并解决自己目前真实存在的问题。

第六节

伴侣沟通中的冰山

在伴侣沟通时，有些沟通情境是需要给予特别关注和处理的。例如，如果伴侣曾经经历过重大心理创伤，在沟通时一定要特别注意沟通技巧。同时，还要警惕伴侣中的“情感勒索者”。

一、与经历过重大创伤的伴侣沟通

1. 了解伴侣经历的重大创伤

如果伴侣一方在早期被遗弃或被虐待过，对他而言则属于重大创伤，未经处理的父母离异也会对个体产生极大的影响。另外，如果在伴侣关系的存续阶段出现了重大创伤事件，也需要进行谨慎、专业的处理。

电视剧《以家人之名》中，凌霄的父母失去了自己的女儿。表面上是不负责任的妈妈出去打牌导致的，但实际上心中只有工作的爸爸也有非常大的责任。但大家都不能面对事实，“女儿的去世”成了不能碰的话题，一家人的照片被禁止出现，雨夜成了妈妈的噩梦。夫妻之间难以建立信任感，双方都觉得对方在心里“审判自己”，都难以对另一个活着的孩子付出关爱。家庭中如果有如此重大的创伤，可以请专业的心理咨询师介入，这样能帮家庭更快修复创伤，减少对后代的影响。

在伴侣沟通中，应注意的重大创伤事件一般分成两种类型。

第一种类型的心理创伤：诱发因素大多是急性重大危险事件，形成创伤的时间是短暂的，可以发生在儿童和成人不同的阶段，主要包括以下几种。

①地震、海啸、车祸等自然灾害或意外造成的亲人离世或自己身体残疾。

②伴侣双方、直系亲属有自杀、失踪等情况。

③家庭经济状况的急剧变化。

第一种类型的心理创伤形成后持续时间不长，一般在 3 个月以内。有的创伤自然愈合，有的创伤经过治疗改善，有的创伤可能转化成第二种类型的心理创伤。

第二种类型的心理创伤：诱发因素往往是生活经历中的慢性应激事件，主要包括以下几种：

①童年遭受的虐待、被遗弃或家庭暴力。

②父母长期关系不良。

③父母离异。

2. 与经历过重大创伤伴侣沟通的方式

在与有重大创伤的家庭成员进行沟通时，应注意以下几点。

①建立情感边界，警惕创伤的代际传承。有重大创伤的家

庭成员在沟通时往往表现为安全感低、不信任他人、控制感强、情绪起伏大，容易进入受害者角色。所以，与之沟通时，需要觉察其情感边界，减少被其情绪传染的概率。在与其沟通时，如遇到与其类似的情绪，要先提问："这是他的情绪还是我的情绪？"

②觉察沟通类型，不玩心理游戏。由于有重大创伤的家庭成员经常会不自觉地进行隐藏沟通，发起心理游戏，其他家庭成员要有能力觉察隐藏沟通，主动调整到平行沟通方式，终止心理游戏，在与其沟通时传递正面安抚。

③在有能力的情况下，了解其所经历的创伤，与其共情，并包容接纳其应对创伤的特有模式，尊重其局限性。

④在心有余而力不足的情况下，可以保持适当的空间距离，以换取自己的平和状态。

⑤学习一些必要的心理学知识，并为对方寻找合适的创伤疗愈途径。这个创伤疗愈途径不一定是心理咨询，可以是医学的、艺术的途径等，选择的标准是对当事人有效。

二、警惕伴侣中的"情感勒索者"

1."情感勒索者"的行为特点

"情感勒索"是美国心理医师苏珊·福沃德结合 20 多年的心理治疗经验提出的概念。情感勒索如此大面积地发生在本应充满着爱和亲密的伴侣关系里，让这位老练的心理医生也颇为惊讶。

情感勒索到底是什么？"是一种强有力的操纵方式，和我们亲近的人用这种方式直接或间接地威胁我们。如果我们不顺从他们，他们就会惩罚我们。”苏珊如此定义。用最简单的话来描述就是，你爱的人向你传递着一个信息：如果你不按我的要求做，就有你好看的。情感勒索本质上是一种权力关系，是一方或者双方试图成为关系的主导者。对勒索者来说，他关心的有两点：一是“这段关系我说了算”；二是对方不离开自己。

“我说了算，整个世界都围着我转”——这种感觉很美妙，是人性中固有的部分，但这种感觉的基础是不牢靠的，如同流沙建造的塔，是不稳固的。勒索者没有安全感，就要向别人勒索。但勒索来的安全感只能持续很短的时间，所以勒索者的勒索会永无止境。

当双方起冲突时，勒索者希望对方听自己的，为此不惜采取任何手段。通常一次完整的情感勒索会有三个环节：A 要求，B 抗拒；A 施压，B 感到压力；A 威胁，B 屈服。在关系中，这种状况会经常发生，被勒索者会感受到极大的痛苦。一旦有情感勒索发生，就意味着权力游戏开始，双方关系也会随之失衡。

勒索者通常都怀有一个改造梦想，会有一个充满光环的出发点：我是为你好。比如，有的妻子要按自己的标准打造丈夫，让他有好的卫生习惯、好的作息标准、好的人际关系模式。而被勒索者的软肋是“害怕失去关系”，这可能来源于被勒索者童年有被抛弃的创伤，例如家长经常对他说“如果你不听话，我就不要你了”。

在伴侣关系中，男人和女人的勒索方式是不同的。男人作为勒索者，通常会扮演惩罚者的角色，因为男人掌握着这个社会的大部分资源，所以通常会采取暴力、控制等硬性手段。比如，有的丈夫非常担心妻子有别的亲密关系，于是用各种方法限制妻子与外界接触。

女人作为勒索者，通常会扮演受害者的角色。最常见的勒索手段是“一哭、二闹、三上吊”。女性用扮演受害者的方式控制男性，而男性为了息事宁人，通常会采取一些消极的方式反抗，比如成为工作狂或者找一个情人，或者回到家看电视、看报纸，根本不和妻子说话。

伴侣关系中的勒索者常有如下特征。

①生活中的大事、小事，都要自己说了算。

②每个人都要为他（她）的情绪负责。

③无论对于大事、小事，他（她）的情绪表达都会歇斯底里。

④伴侣怎么做都不对，承认错误不对，讨好不对，离开不对，待在原处也不对，只能等他（她）发泄完情绪。

⑤拒绝沟通和改变。

⑥都是别人的错，自己永远是对的，占据道德制高点。

由于“情感勒索者”开始时往往带有高、大、上的“我是为你好”的光环，所以被勒索者起初是很难识别出来的，会像“温水里被煮的青蛙”，一步步丧失觉察。勒索者一边控制被勒索者，一边否定：“只有我愿意跟你在一起，离开我你什么都不是”。FOG 是恐惧 (Fear)、义务 (Obligation) 和内疚 (Guilt) 的首字母缩写，也可理解为迷雾，是情感勒索者利用的工具。他们把恐惧、义务和内疚灌输到被勒索者的思想中，让被勒索者心甘情愿地顺从他们，否则被勒索者会感到极度的内疚，想到要离开勒索者，还会有极度的恐惧。

苏珊·福沃德说：如果一直对勒索者让步，我们将付出十分巨大的代价。他们的用语及行为会让我们感到失衡、羞耻和深深的罪恶感。我们知道应该改变这种倾向，也不断发誓要采取行动，最后却还是会掉入情感勒索者的陷阱。最后，我们开始怀疑自己到底能不能信守承诺，也对自己的效率丧失了信心。我们的自我价值感会慢慢地遭受腐蚀。虽然所谓的情感勒索并不能算是罪大恶极的暴行，但我们也不能轻视它的影响力。只要我们和情感勒索扯上关系，它就会一步步将我们蚕食，最终危害我们最重视的亲密关系及自尊心。

2. 与“情感勒索者”伴侣沟通的方式

由于“情感勒索者”会非常熟练地调动激烈的情绪和词语来制造混乱，并发出威胁，让他人感到必须马上回应而且选择认同他，否则就是十恶不赦，所以其经常会让家庭成员难以抗拒，没有时间觉察他们自己真正的需求，以致一次次仓促地妥协，但这样只会不断强化勒索者的勒索行为。

因此，可参照以下步骤与“情感勒索者”沟通。

第一步：当你觉得要被情感勒索的压力淹没时，首先要做的是喊停，学会拖延回应。你可以说：“我现在不能给你答案，我需要一些时间思考。”“这件事很重要，让我想一想。”“我们稍后再谈可以吗？”你要学会把拖延话术当成自己的保险绳，重复地表达出“我还没有决定好，我需要再想想”的意思。

第二步：评估“情感勒索者”的要求，并使用谈判技巧提出你的条件。

可以从自身的角度出发，将“情感勒索者”的要求分为3类。

第1类：这个要求对你无关紧要。

第2类：这个要求牵扯到一些重要问题，已经开始影响你的边界。

第3类：这个要求关系到一个重大的人生决定，一旦让步，将对你或者别人造成伤害。

在评估对方的要求后，如果你发现这个要求对你没有任何的负面影响，此时你可以答应他的要求，把这种妥协当成维护良好关系的必要付出。

如果发现对方的要求是第2类，你可以与其讨价还价，提出自己的条件。

如果评估对方的要求后发现是第3类，一旦答应这个要求，将会对你造成极大的困扰，此时你应该坚定自己的态度，告诉对方：我心意已决，希望你不要这么做。

而如果对方对你贴标签、辱骂你，给予你无条件的负面评价，例如说“你就是个白眼狼”“你只想着自己从不考虑我的感受”“你就是个窝囊废”等，你要学会隔离这种道德绑架性质的勒索。你可以说：“也许你说得对，但我不会改变我的决定。”

在你没有足够的力量拖延回应或者说“不”之前，转身离开、拒绝沟通也是可行的方法。

综上，在处理伴侣关系时，一定要警惕情感勒索行为的出现。

第七节

如何走出伴侣间的沟通困境

如果关于伴侣沟通，你已经看完了前面的六节，现在还很有兴趣看第七节，那么恭喜你，说明你经过评估，认可你的伴侣关系，并愿意找方法去继续提升它。以下这些技巧可以有效帮到你。

一、拆掉琐事墙

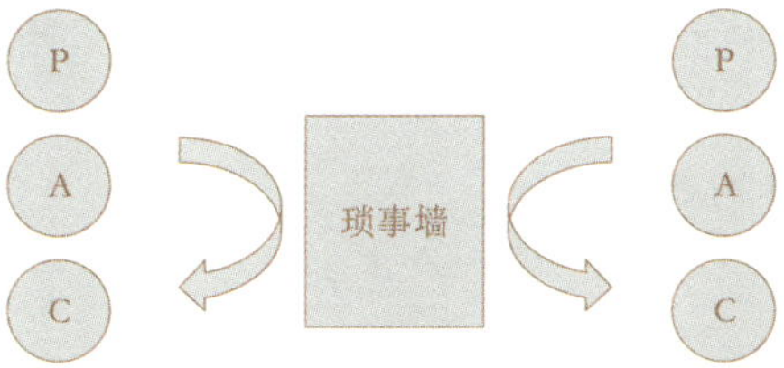

琐事墙

伴侣在一起生活后，会有很多琐事发生。很多时候，我们漠视了琐事的破坏力，觉得它们是小事。如果一方坚持要谈论琐事，另一方可能觉得对方在小题大做，甚至会评价对方“太矫情”。当琐事没有得到充分的讨论时，就会被堆积到一边、压放在一起，变成一堵砖墙，也就是所谓的“琐事墙”。一段时间后，情绪被积压，伴侣中的某一方或双方会觉得“你不再爱我了”或者“我不再爱你了”。

其实，伴侣可以把所有事情都透彻地谈一谈，不管是大事还是小事，应该避免在关系之间建立“琐事墙”，要记得随时给对方的安抚银行存入金币，而不是为“琐事墙”添砖加瓦。

二、关闭逃生门

因为经营亲密关系很不易，所以我们会找各种理由“逃生”。我们会用一些方式逃避与伴侣相处或亲密，但不直接表达关系中的不满足感或不协调处，久而久之就会越来越疏离或漠视对方。大家习惯了“你玩你的，我过我的”，彼此心照不宣。有的伴侣是因沟通无效才渐行渐远；有的伴侣则是遇到问题就漠视，不想讨论，从逃生门里“逃走”。

伴侣关系中的逃生门（逃避方式）有很多，举例如下。

经常性独自购物

拒绝亲密

利用假期学习

经常性出差

不断讲电话

习惯性地以“疲累”为借口拒绝互动

消失在书房或工作室

在沙发上而不在床上睡

拒绝眼神接触

拒绝交谈

养宠物

我们可以思索一下自己何时或为何会用这些逃生门？自己使用这些逃生门时意味着什么？对关系又意味着什么？适当的时候从逃生门“逃走”，调整一下节奏是没有问题的，但如果要长期维护好伴侣关系的话，就不能放任或漠视逃生门的存在，因为它可以用于保持亲密与自主状态的平衡，但也可能是两人关系疏离的前兆。因此，当伴侣关系遇到问题时，要觉察它、面对它，适时关闭逃生门，积极沟通、解决问题。

三、建立安全合约

在伴侣沟通中，有一些话是非常伤人的，会造成不可挽回的影响。伴侣双方约定不说一些伤人的话，就是建立安全合约。建议所有的伴侣都试着去建立安全合约。

通常在争吵的当下，一方或双方可能会感觉生气或受伤，甚至威胁着要离开关系。他们可能会说“我受够了”，然后转身离开。当有冲突或争论时，害怕关系会结束的想法是不正常的，因为这可能会阻碍一方或双方说出自己想要说的话。他们会害怕伴侣离开，所以会选择不说出想说的话，或安抚另一方，但这样做会导致双方的心墙不断高筑。

安全合约可以包括以下内容。

①双方同意在生气或受伤的时候，不使用“离开关系”作为口头威胁，以让双方的观点与情绪都能得到充分表达。

②不实质性地离开关系，也不作仓促的决定来结束关系。若一方或双方觉得要离开关系，可约定进行 4~6 次的专业心理咨询。咨询结束后，若仍要离开，再作最后决定。

③无论发生什么，不说侮辱对方的话。

四、制作挫折记录表

我们上学时用过一种方法，就是把所有的难题收集起来，找到解题思路，定期回看。挫折记录表就像是伴侣沟通中的难题集。伴侣可以有意识地去收集和了解双方在相处和沟通中的真实感受，积极去解决问题。

挫折记录表

A. 让我感到挫败的行为	B. 我的感受	C. 我对挫折的反应	D. 可能隐藏的恐惧或创伤
我们约好的时间你总是迟到	我感到生气	我会整晚闷闷不乐	我觉得自己在你心里不重要
……	……	……	……

五、进行镜映对话

使用挫折记录表能帮你觉察自己的情绪和需求，更客观地去表达自己。有了挫折记录表后，就可以用镜映对话的技术了。带着意图去聆听与说话的方式称为镜映对话。这种方式能协助伴侣在表达时不带批评、在聆听时不带评价，并透过差异来联结彼此。这样一来，双方都能感觉到被尊重与被聆听，并开始转换负向的联结方式。这种对话方式需要练习，可邀请伴侣一起参加。

镜映对话的 6 个主要步骤如下。

①与伴侣约定对话的时间。

②分享挫折时，用“我”的角度进行正向对话。例如，把“你总是迟到”改为“当你迟到时，我不太知道怎么应对”。

③精准确认发送者的信息。

④以好奇的状态回应。

⑤表达受挫状态下的感受：当你迟到时，我不太知道怎么应对，也会猜想是不是我在你那里不重要，就会觉得沮丧。

⑥转挫折为期待：我期待我们能按约定时间放松地看电影，享受这个过程。

六、公平吵架

在有了冲突后吵架，往往伤害很深，公平吵架能让伤害降到最低。要做到公平吵架，可以这么做：让你的伴侣知道你要讨论什么；不要同时说话，轮流说，且让双方有同等的时间；把你听到的信息反馈给你的伴侣，表示你听见了且了解了；谈论此时此刻发生的事，不在过去的事上大做文章；提出解决办法；自己不对时，直接认错；在争论时威胁、放弃或离开是不对的，可暂时喊停，但要经双方同意；不用鄙视或难听的称呼或贬低对方；不要假定自己在争论中的输赢；不要用幸灾乐祸的方式取得胜利且得意扬扬；不去攻击对方的痛处，如去攻击对方的身材或批评对方的家人；不使用肢体暴力；允许伴侣移动到他（她）觉得舒服的位置；在表达情绪前，先请求允许，尤其是要爆发火山式的情绪或躁动行为时；面对小的议题，订小的合约，不要订太大太长的合约；需要的时候寻求协助，但这个协助者不是朋友、亲戚，而是具有专业能力、与双方没有利害关系的人。

七、接纳冲突

有冲突首先说明你们很真实，没有伪装。关于冲突，伴侣要知道以下事实。

①冲突是成长的机会。大部分人都觉得，在婚姻中若发生了冲突，自己就是选错了人，所以当冲突变得激烈且重复时，他们就在想是不是该结束关系了。但事实上不是如此，关键在于伴侣如何有创意地处理冲突。好的处理方式可以帮助伴侣双方成长。所以可以视冲突为一个成长的机会，把抱怨转为成长或解决问题的目标。

②冲突不是关于对方的，是关于自己的。事实上，你对伴侣 90% 的不满之处，来源于你的过往经历。所以，下次你被气得火冒三丈时，记得提醒自己——这些情绪更多来自自己的过去，而不是来源于伴侣。例如，如果你因伴侣迟到而不打电话提前沟通而生气，可能是源于父母常很晚到幼儿园接你导致你有对被遗弃的恐惧感。

③冲突不是为了在竞争中分出输赢，而是要找到新的合作方式。

关于关系中的谬误

- 不要像对待孩子一样对待你的伴侣，也不要总以儿童自我状态出现在伴侣面前。运用沟通分析心理学理论，保持“我好，你好”的“成人—成人”自我状态进行沟通，觉察何时你们处在“父母—儿童”自我状态进行沟通。

- 不必当讨好变色龙，在关系中做真正的你，展现你的内在真正想法。

- 不要和你想象的对象相爱。有些人开始一段关系是基于“我可以改变他（她），且让他（她）变得更好”的幻想。这并不是一个好的目的。和一个合适的人相处比把一个人改造成合适的人更可行。

- 不要当爱的贩卖者，不要给爱标出价格或条件。例如，不要在为伴侣做了某些事后，特意让他有歉疚感，进而讨要恩情。

看见父母的需求
——与父母的沟通

你的父母，
也有自己的『父母、
成人和儿童自我状态』。
到了老年，他们内心深处那个
『儿童』可能更明显。

第 5 章

CHAPTER

第一节

了解父母的心理需求

岁月无情，随着你的成长，你可能突然有一天会发现，你的父母已经开始老去，生理机能的退化让他们变得衰弱，甚至稚弱，他们开始真的离不开你了。

由于我国从 20 世纪 80 年代开始实施计划生育政策，当下一对夫妻要赡养 4 位老人已经成为常态。在年轻人赡养老人压力大的同时，随着物质生活水平的提高，老年人的精神需求也不断增多，对子女的期待值也在提高，年老的父母与子女之间不好沟通、沟而不通的情况也越来越明显。

从发展心理学的角度来看，老年阶段是指人从“成年期”（25 岁到 40 岁）经由“中年期”（41 岁到 64 岁）而进往“年老”的阶段（65 岁及以上）。有的时候也会以退休的年龄（50 岁、55 岁、60 岁）等作为进入老年阶段的标志。

进入老年阶段，大部分老人会从工作岗位上退下来，回归到家庭，同时生理上也会面临一系列的功能退化，导致心理层面也会发生很多变化。一个人有三种属性——生理属性、精神属性、社会属性，同样也会有与这三种属性相关的需求。我们分别来了解一下老年人的三种属性和相关需求。

一、进入老年阶段后三种属性的变化

1. 生理属性变化

①视力、听力、味觉、嗅觉等功能的退化。大部分人从四五十岁开始，五官功能就开始退化，60 岁后更明显。比如，孩子们会发现老人做的饭越来越不好吃了，很可能是因为老人的味觉功能退化，掌握不好咸淡了；老人说话的声音越来越大了，可能是因为他自己的听力下降了。

②随着年龄增大、脂肪减少、血液循环逐渐变慢，老年人的皮肤变得容易干燥、脱皮甚至溃疡，他们对气候温度的变化也越来越敏感。

③骨骼关节的变化在老年人中是非常常见的。老年人骨质疏松开始的年龄越来越早。骨质疏松容易导致骨折，使得关节活动受限，腰部越来越没有力量。有的老人因为驼背甚至觉得自己的身高都降低了，经常一边照镜子一边说“自己抽抽了”。

④消化功能减退。由于老年人的味觉功能退化，他们总会觉得孩子或保姆做的饭菜没有味道。同时，由于肠胃消化功能减退，老人如果吃得不舒服，反应也会比较大。所以有些人会发现，人老了以后，对饭菜变得挑剔了，其原因就是如此。

⑤循环系统的疾病越来越多，如高血压、心脏病、中风等。这些疾病对老年人的健康影响也非常大。

⑥排泄系统变得更加脆弱，尿频、夜尿增多、排尿困难甚至尿失禁等问题都很常见，老年男性的前列腺问题也是老人可能遇到但又难以启齿的问题。

2. 精神属性变化

①老年人在情感上变得比较脆弱，有时退行到跟小孩一样，变得有依赖性。所以，我们经常说老人是“老小孩儿”。

②只愿听好消息，不太能接受坏消息；不太能接受变化，希望稳定。所以当听到孩子辞职了、换房子这些“大事”时，老人们就会觉得“折腾”。

③记忆力下降，小事经常忘；同一时间不能处理多种信息。

④学习能力和接受新事物的能力下降。在当下这个网络时代，电子产品和各种应用软件很少有为老人专门开发的，所以老人使用起来比较困难。由于子女工作忙，没时间教，导致老人学得很慢，还容易出现今天学了明天又忘了的情况。所以很多社区开了“教老人学习用手机、用电脑”的课程，很受欢迎。

3. 社会属性变化

①人际社交圈变窄。老人由于脱离工作，接触的人越来越少，通讯录上或者微信上可以联系的人也越来越少。

②活动空间变小。退休前可以去单位，可以经常出差，现在变成在以家为中心的小范围内活动。

③自我价值感降低。工作时每月有稳定的、相对高的收入，退休后收入都会有所降低。对于一些没有退休保障的老人来说，这一点影响更大。

二、进入老年阶段后的相关需求

老人之间常见的交流话题

①健康需求。健康需求对于老人来说是首要的需求。现在这一代老人大部分在年轻时候都过得非常不容易，辛苦奋斗了一生，老了赶上现在的好时代，都希望自己能活得长一些。因此，老人常有恐老、怕病、惧死的心理。他们对自己的身体变化非常敏感，所以像《养生堂》之类的节目就特别受欢迎，各种保健品俱乐部对老人来说也有巨大的吸引力，甚至让老人上当受骗，因为“健康”确实是老人们的“刚需”。当老人身边熟悉的同事、朋友、亲人、邻居等得了重大疾病的时候，老人的心理极易产生波动。所以，作为子女，我们都应该对老人的生理功能变化给予足够的关注。

②依存需求。人到老年，精力、体力、脑力都有所下降，甚至有的老人生活不能完全自理。中国传统文化中有“养儿防老”的观念，因此大部分中国老人还是希望老了以后能得到子女的关注。子女的孝顺，将会使他们感到老有所依。

③安静需求。老人的一些需求是矛盾的。他们一方面期待得到子女的关注、儿孙绕膝；另一方面，由于精力下降，又会怕吵、怕乱，期待安静。有的时候，子女会觉得老人对环境过于敏感。例如，有一位老人因为楼上邻居作息不规律，动静也比较大，与之发生过很多次纠纷。老人找物业公司、找居委会，甚至报警，女儿却觉得自己妈妈有点小题大做。遇到这样的问题，要详细了解情况，不要先入为主地觉得老人是在“找事儿”。老人因为年龄大了，绝大多数的时候都待在家里，所以她受到的干扰比较大。如果确实需要处理，子女是要帮着想办法的。

④和睦需求。老人都希望自己有一个和睦的家庭环境。不管家庭经济条件如何，只要全家和睦，邻里关系融洽、互敬互爱、互相帮助，老人就会感到温暖和幸福。

⑤支配需求。老人原来多为一家之主，掌握家中的支配权。但由于年老后社会、经济地位发生变化，老年人的家庭地位、支配权都可能受到影响。这也可能造成老年人的苦恼，所以让老人保持经济上的独立性是有必要的。

⑥交流需求。人老了，也同样渴望交流。很多子女因为工作太忙而无法经常跟老人交流，还有一些老人因为夫妻关系不好，找不到人说话。从某种意义上来说，因为老人有交流需求，

才导致很多保健品推销员能乘虚而入。

⑦尊敬需求。老人离开工作岗位后的一段时间，可能会情绪低落。因为没有了工作上的价值感，老人会觉得自己越来越得不到尊重，产生悲观情绪，甚至不愿出门。长期下去，老人容易情绪抑郁，为疾病埋下祸根。

⑧工作需求。刚退休的老人大多尚有工作能力。部分老人一时无法适应骤然间离开工作岗位的状态，内心还有从事工作的意愿，以此来体现自身价值。

⑨学习需求。活到老，学到老。尤其在网络越来越发达的现代社会，对老人学习能力的要求也越来越高了。老人如果不学习使用网络，出门坐车、购物、看病都会变得困难。

⑩特殊照顾需求。如果老人患有比较严重的疾病，如癌症、瘫痪、阿尔茨海默病，就需要进行长期的特殊照顾。

第二节

安抚
——对父母的爱要表达出来

了解了老人的三种属性变化特点及相关需求后，就能找到恰当的安抚方式。在与老人的沟通中，安抚就是对老人变老这个过程的关注与反馈。中国的老人大多不善于用好听的语言来表达爱，即使表达爱，有时也会“刀子嘴，豆腐心”。但他们想不到的是，被一刀刀“捅下去”后，孩子的心就会在不知不觉中走远。所以，我们都要好好说“爱”，用心表达安抚，站在对方的角度给对方需要的安抚。

一、物质层面的安抚

①买老人需要的东西而不是自己觉得好的东西。买了东西还不讨好的体验大家一定不陌生。

②关注老人生理功能退化的部分，提供必要的帮助。比如帮老人买助听器、配老花眼镜，陪同到医院检查等。

③老人退行到“老小孩儿”状态后，其实他们的有些需求跟孩子是一样的，比如吃、穿、玩等。但中国大部分的老人不会直接提要求。可以观察老人的特点来提供安抚，因为每个老人都有自己的偏好。

④给予老人独立的生活空间。不论大小，其实每个人都需要自己的空间，这个空间可以是独立的一套房子，也可以是单元房里的一间，但一定要有，这对老人的心理放松是很有意义的。

二、精神层面的安抚

①利用时间结构，安排与老人在一起的时间。要合理安排时间结构里的 6 种形式——退缩、消遣、活动、仪式、亲密、心理游戏，满足老人不同的需求。

②给老人足够的独处时间。尤其是对于帮子女带孩子的老人，可以安排他们定期旅游，给他们跟老同学、老同事聚会留出时间。记住老人重要的日子，比如生日、节日等，安排好仪式。家庭休假出游时，要适当考虑老人的需求。很多时候老人喜欢的地方跟年轻人不一样，各玩各的也是一种好的方式。

③针对老人记忆力不好的特点，把重要电话和重要事情写下来贴到墙上，让老人看到他的需求被关注到了。

④结合中国文化，对一些特殊年龄的风俗予以重视。比如，本命年穿红色、过大寿不做整寿等。

⑤当老人周围有熟悉的人去世时，要多关注老人的精神状态。带他们做相关的体检并请专科医生给他们做健康咨询，打

消他们的顾虑。

⑥创造一些空间让老人做一些有价值感的事。比如，我们经常看到很多老人拉着购物车去很远的地方买菜。有些子女觉得不理解，认为网上购买很方便，有时还更便宜，不懂老人为什么要舍近求远。其实从老人的角度来说，一来是出门买菜是他活动的一部分，二来是老人觉得买到又便宜又好的菜是他的价值。又如家里有些东西坏了，老人如果能修好，就会觉得很开心，因为这能体现他的价值；攒一些废品卖回了钱，也是他创造的价值。

第三节
读懂父母的隐藏信息

如前文所述，每个人无论年龄大小，都有自己的父母、成人、儿童自我状态，我们的父母也不例外。

一、觉察父母的自我状态

每个人都需要不同的自我状态来满足不同的需求。当这些需求发生冲突时，步入老年的父母就会向外传递矛盾的信息。

比如悦悦经常在出国之前接到她妈妈的电话：我血压又高了，你不用管，没事，走你的吧。悦悦每次都在内疚中凌乱，又不知道自己能做什么，原因就在于她妈妈传递的双重信息：一方面，她妈妈的父母自我状态告诉她自己“女儿出国是为了工作，自己作为一个开明的妈妈应该支持”。但另一方面，她妈妈内心的儿童自我状态又有些害怕“女儿越走越远，会不会有一天去国外生活，不管自己了”。

悦悦妈妈这种双重信息会将悦悦置于两难境地：我出国是

老人矛盾的内心活动

不是有点不孝？但是我不出还不行。

解决这个问题的方法是回到成人自我状态。比如，悦悦可以直接澄清她妈妈隐藏的信息，并直接问出需求：我出国大概需要一周左右，走之前需要我做什么？这样的沟通能带她妈妈回到成人自我状态。她妈妈也应该以成人自我状态来解决问题并提出需求：我最近的血压是有些起伏，我已经找医生咨询过了，调了新药。医生说有一种国外的新药，但咱们老家买不到，你帮我找一下。

二、父母身上常见的双重信息

父母身上常见的双重信息如下：

①“快点长大”和“不要长大”。

妈妈：找个人结婚对你来说怎么这么难。

妈妈：女人就是要靠自己。买房这么大的事怎么不和我商量。

②“你要独立”和“你要听话”。

女儿：点什么呀？

妈妈：你想吃什么就点什么。

女儿：水煮肉、牛排、炒茄子。

妈妈：每次让你点菜就这老三样。你们先聊着，我去点菜。

“你要独立”和“你要听话”的双重信息

③“你要成功”和“不过如此”。

妈妈：你写书了，卖得出去吗?

妈妈：你如果有你爸一半的努力也早上清华了。

④“你很重要”和“不要存在”。

妈妈：出生后为了照顾你，我选择了比较清闲、边缘的工作岗位。

妈妈：要不是你，我现在都能当市长了。

⑤“你可以提要求”和“最好闭嘴”。

妈妈：你不说我怎么知道你想吃什么?

妈妈：这么挑剔，你自己做吧!

在面对父母的双重信息时，混乱是我们最常有的感受，每个人又会发展出不同的应对方式。有的人会夸大父母表达的负面信息，例如电视剧《以家人之名》中的齐明月会觉得即使自己考了好大学，妈妈也不会让自己去上，所以她不惜少填一张答题卡断了妈妈的念想，为自己争取到了当记者的机会。有的人会否定父母表达中的积极部分，和父母陷入无谓的争论，例如反驳父母说“你不是说去北京发展好吗？怎么我遇到困难你又说风凉话，我看你就是不想让我离开家”。有的人会无奈地接受现实，否认自己有改变的可能，陷入抑郁情绪甚至自杀。

三、读懂父母隐藏信息的方法

读懂父母的隐藏信息，恰当应对父母传递的双重信息，是我们摆脱家庭羁绊的关键。

第一步，我们需要重新检视自己从小到大与父母之间的关系和沟通模式，看到父母内在“儿童”部分的存在，也接受这部分的存在。当你觉察到以下禁止信息时，就迈出了第一步。

常见的禁止信息有：不要存在、不要健康、不要做自己、不要长大、不要做小孩儿、不要思考、不要感觉、不要成功、不要重要、不要亲密、不要有归属感。

第二步是觉察父母传递这些隐藏信息的具体做法，这将有助于你及时恰当地回应父母的需求。

第三步是自己满足自己，保持独立。如果经过努力与沟通，发现确实无法与父母建立亲密关系，没关系，可以发展其他的亲密关系，如伴侣关系、朋友关系、师生关系等，以此来获得你想要的支持。

第四步是看到父母背后那个“没长大的儿童”“恐惧的儿童”“嫉妒的儿童”，以及自己内心深处那个同样“内疚恐惧的儿童”。

第五步是允许自己心理上和父母告别，真正地长大，接受父母按他们自己的节奏成长或者不成长。

第四节

与父母的角力战
——常见心理游戏与破解之道

理想化的家庭成长环境是在母亲温柔的照顾下、在父亲有力的引导下，子女成长为一个独立自主的大人。但事情不一定如此顺利，有的母亲害怕子女离开她，有的父亲害怕被子女超越，他们会用自己的苦难和牺牲来唤起子女的愧疚感，使子女留在自己身边，继续当他们顺从听话的孩子。有的父母自己无力解决彼此冲突，就会一直阻拦与子女建立平衡关系。

家庭中常见心理游戏有如下两种。

一、“要不是为了你”

这一类游戏会更多地发生在母亲和孩子之间。

电视剧《以家人之名》中，齐明月妈妈历数自己为培养孩子的各种付出和齐明月的各种不争气，导致齐明月始终有“我不好，我不配”的心理，对母亲的控制感到压抑和愤怒，对母亲的付出又感到愧疚，深受各种复杂感受的撕扯。

在这样的游戏中，母亲常常把自己放在拯救者的位置上，认为只有自己是真心为这个家付出的，都是因为自己的能力才让这个家越过越好。过多的付出感会让母亲对其他家庭成员有过高的期待。当发现孩子和伴侣达不到自己的期待时，她就会转到迫害者的位置上，指责其他人的不努力。这种指责会激怒孩子或者伴侣，导致对方的疏离。这时，母亲就成了受害者，认为“没人能体会我的苦心，做得多，错得也多”。

作为子女，如何跳出这样的心理游戏？

《以家人之名》中的齐明月给出了答案。

①有勇气为自己的生活负责，独立选择并承担后果。片中的齐明月进了地方台当记者，最后跟母亲表达自己认识到当年高考故意失利是错误的。但她也看到了自己的努力和成绩，并愿意去北京打拼，争取更好的发展机会。

②为自己的生活负责后，也把母亲为自己情绪和人生负责的权利交还给她。要跳出这样的心理游戏，母亲需要子女的帮助。在现实生活中，子女要和母亲建立界限，明确哪些事情需要母亲的帮助，哪些不需要，告诉母亲她也可以有自己的时间、空间追求自己的快乐。当子女专注自己的生活往前走的时候，大多数的母亲是会改变生活模式的。

③在适当的时候寻求心理专家的支持和帮助。

二、法官游戏

这类游戏经常发生在父母的夫妻关系不好的家庭中，父母会拉孩子当法官，双方会在孩子面前控诉伴侣有哪些不好。当父母双方实力比较悬殊时，孩子为了平衡关系不得不选择支持一方。比如，有的孩子发现母亲拥有对家庭的控制权，为了给自己争取好的资源，就会站在母亲这一方，但内心深处又会对父亲给予同情，就像齐明月会对母亲说她和父亲在这个家没有权利一样。

而有的孩子会直接和弱者结盟，共同对付强权。比如有的儿子会站在弱势母亲一方，对付控制型的父亲；有的女儿会站在弱势父亲一方，对抗控制型的母亲。但无论哪种选择，都会让孩子陷入情绪的混乱之中，没有真正解决问题。而当法官（拯救者）的孩子也会在付出代价后去控诉同盟的父母一方，成为迫害者，最终被父母双方指责，成为受害者。

《以家人之名》中的齐明月最后没有进入法官游戏。她承担了自己的责任，也指出了父母的问题："爸爸，我们家不是'和'，是逃避问题，你是，我也是。""我做什么，你都不管我。我做什么，我妈都不满意。""你不跟我妈争执，不是因为你认为她做得对，是你怕麻烦，你不管我，也是怕麻烦。""我的所有叛逆都用在了错的地方，我跟我妈的对抗只有自己知道，宁愿少填高考答题卡，也不去努力争取自己喜欢的大学和专业。""我没想过向你求助，因为你不会因为我得罪我妈。""我妈养成一个不跟别人商量的个性，和你的纵容有关。"

解决之道是确定三人家庭中的两两互动模式，各自承担责任。

以下问题有助于你去审视你和父母的沟通风格。

- 你的父母是竞争关系还是合作关系？如果是竞争关系，谁占上风？占下风的人获益什么？
- 你在这种竞争关系中的位置是什么？在他们的竞争中，你获益什么？
- 如果是合作，他们是如何分工的，每个人的优势是什么？
- 你们家的重大事件决策者是谁？
- 如果你有经济上的困难，你会向父母之中的谁开口求助？
- 如果你心情不好，会向父母中的谁表达？
- 你父母经常争吵吗？谁会找你诉苦？

第五节

如何和父母共处

和父母的关系，是我们人生中非常重要的部分。我们跟父母相处的体验植根于我们的身心，随时提醒我们来自何处。但是，虽然我们跟父母曾经如此亲密，但如何与父母共处，却是一个需要独立思考的问题。

一、做独立的自己

无论我们和父母的关系如何重要，都无法改变一个事实：你是一个独立的人，你需要对自己的人生负责，父母也无法为你的人生埋单。所以，我们不能永远在原地等待，等待父母成为你期待中的父母，等待父母对你认同和欣赏。

当然，这个幻想非常美好，就像初生时我们被拥抱的温暖，那是我们在这个世界上最早的温暖体验。但有时候，维持这个幻想要付出的代价很大，你需要放弃自己的思考、自己的选择、自己的乐趣甚至健康。在不知不觉中，我们会不知道自己是谁，自己渴望什么，甚至会分不清自己的情绪是自己的还是父母的，只知道我们是父母的孩子，只知道他们渴望什么，只知道他们不高兴我们就会不高兴。

长大是一个断脐带的过程，最重要的一步是要放下对理想父母的幻想和期待。如果我们仍然把父母对我们的感受看得重于自己的感受，如果仍然执着于赢得父母的欢心或避免使他们不悦，我们就不是自由的，也无法自由起来。所以，要跟父母共处，首先要做独立的自己。

二、放下改变父母的执念

如果你已经认识到跟父母的沟通存在很多问题——隐藏信息、心理游戏，你就会深深体会到他们对自己的束缚，而你的父母仍然拒绝改变。这时，请告诉自己，这也是他们的权利，但你仍然有自己选择的权利。

孩子的每一步改变和成长都是对父母弹性的挑战。大多数的父母可以跟随孩子成长，允许孩子离家、结婚、生子，开创属于自己的天地，并以此为荣。但我们也要看到，生活中仍然有 80 岁的母亲和 60 岁从未离开过家的儿子生活在一起，互相纠缠。如果这种纠缠关系已经超出双方忍受的极限，保持距离或者离开也是一种选择。电视剧里所谓的浪子回头和父母宽恕等皆大欢喜的结局有些理想化。现实中，很多父母的执念、控制欲、愤怒感永远也不会过去，孩子只有选择离开。例如，有的妈妈不同意儿子选择的伴侣，私下威胁女方消失。儿子知道后以跳楼相威胁。妈妈说：你跳吧，居然为了这样的女人跟我拼命。从此儿子远走，几年内再也不和妈妈联系。在这样的事例中，未来如何我们并不知道，但双方注定都处于情感的煎熬当中。

放下改变父母的执念

在任何一段关系中，每个人等待的时间都是有限的。我们需要思考的是，在父母身上，自己是否看到了改变的迹象，哪怕是微弱的？如果没有，你自己可以做些什么？

同时，我们也没必要对改变父母有太高的期待，他们只需要改变和你的关系，至于他们跟其他人的关系，那是他们自己的事。

从心理上放下改变父母的执念，专注经营自己的人生，就像经营一个独立公司要自负盈亏一样，这意味着你再也没有办法推卸责任。在这个过程中，你可能会感到焦虑、恐惧，这都是成长的必然过程。要记住的是，你随时可以建立新的亲密关系，用一个新的、互相尊重的关系模式寻求支持。

以下问题可以帮你审视你独立的程度。

- 你仍然和父母住在一起吗？为什么？
- 为何你要住在他们附近？（如果你是这样的话）
- 你和他们联系的次数是否太多？
- 如果你几天不给父母打电话，会有什么感受？内疚、焦虑还是解脱？
- 在你的重大决策中，他们是否参与太多？
- 如果你不在身边，父母可以自我照顾吗？
- 你是否还会时时评估自己做的事是否令父母满意？
- 看到父母的脸色，你还会紧张吗？

第六节

如何有效地与父母沟通

每个家庭都有不同的沟通风格。要做到有效地与父母沟通，就必须先了解自己以及父母的沟通风格。

一、了解父母的沟通风格

在第一章里，我们介绍了几种沟通风格，请从你父母的角度出发做一下测试，了解你父母的沟通风格。利用第一章里讲到的内容思考，你用哪种自我状态和父母沟通最有效？你的哪种安抚最适合父母？你和父母之间是哪种沟通类型？

在与父母沟通的过程中，尽量做到以下几点。

1. 保持不评判、不比较的“我好，你好”心理地位

当你和父母有不同意见时，同时肯定自己及父母的意见，不评判对错、不比较高下。例如，在日常与父母共同生活时，饮食习惯是比较容易引发冲突的一个点。有些年轻人讲究轻淡健康饮食，讲究口味的多样性，而有些老人却喜欢吃得咸。

评判型的沟通如下：“这样吃不健康，都什么年代了，还天天吃咸菜？”“我好，你好”型的沟通如下：“过去生活困难，饮食单调，只有‘咸味’，现在条件好了，‘酸、甜、苦、辣、咸’可以轮着来啦。”这样回答，既共情了父母过去的苦，又引导他们关注到现在的变化。

2. 做好沟通中的安抚与共情

很多父母对自己子女说出的话不好听，但用意是好的。这种情况下，子女可以共情父母的善意，给予感谢和安抚。比如，父母与自己的育儿方式有冲突。父母说：“你这么惯着孩子，会越来越难带，以后有你的苦头吃。”子女说：“我知道你是心疼我，不过两三岁的孩子就是会有点逆反，不能硬着来。”“我知道你是心疼我”这句话就是共情的表现。

3. 沟通时表达要具体而充分

父母有时欠缺当下合适的信息，或对我们的某些做法有误解。此时，我们可以适时地提供具体而充分的信息与说明，告诉他们“我不能做的是什么，能做的是什么”。比如，父母责备说：“为什么别人过年都能回家，就你不能，你们单位离了你不转吗？”子女回答：“我也想回家啊，票都买了。不过我负责的项目突然出了问题，别人没办法接手。我必须得处理完。但我已经跟领导申请了，完成任务后年后可以休到正月十五。”子女的回答提供了具体而充分的信息，让父母能了解他不能回家的原因以及后续的补救措施。这也容易让父母更能理解子女的处境，形成良好的沟通氛围。

当然，还是会存在无法顺利与父母沟通的情况。此时，可以尽量做到以下几点。

①不被父母的话或情绪干扰。

②尊重父母发言的权利，先聆听，不急着发表意见，为自己与父母不同的做法预留空间，降低冲突发生的可能性。

③如果感觉双方情绪都比较强烈，可以暂时离开，自己先平复情绪，也邀请父母一起冷静。

④待情绪过后，再分享自己在乎的部分，并探讨如何尊重不同的意见。不企图改变或控制对方，不论对错，不争输赢。

⑤若父母有大的心理创伤，有情绪或人格上的困难，做好自己 50% 的沟通责任，适当寻求外界支持。

⑥聆听父母的需求，了解父母的情绪，说清楚自己可努力的部分与无法配合的部分，态度理性、坚定，同时给父母一个过程去接受。可安抚父母的情绪，但也不被情绪勒索，不为父母的情绪负责，相信他们有为自己人生负责的能力。

⑦设立自己与父母的情绪、财务及责任的界限，为自己面临的问题负责，也接受父母去过他们自己想要的人生。

二、与父母沟通的常见难题

1. 如何跟父母谈未来养老计划

如今“4+2+1”型家庭越来越多，在国家全面开放“二孩政策”“三孩政策”后，甚至会有更多的“4+2+2”型、“4+2+3”型家庭。在这样的模式下，子女一方面要为养育孩子承担巨大的压力，另一方面还需面对赡养老人的压力。给父母养老不再是简单的“子女是否孝顺”的问题，而成了确实需要提前规划的课题。

有的家庭平时对父母的养老、生病问题持回避态度，不愿意直接讨论，等事情忽然出现了，才匆忙应对。有的家庭作出了错误的决定，留下了很多遗憾，导致家人之间互相抱怨、指责。

养老问题的中心仍然是老人自己。作为子女，可以提前跟老人沟通他们对自己老年生活的规划。以下内容可以重点沟通。

①在哪里养老。居住环境是直接影响老人心情的。有的老人喜欢留在自己的小家，在能自理的阶段，都希望住在自己的房子里。有的老人则不同，希望老了以后可以四处走走，体验不同地方的生活。比如，现在越来越多的北方老人到南方养老，有些城市中的老人回农村养老。重要的是，在家庭成员充分沟通的情况下，让老人选择自己喜欢的地方。

②和谁一起养老。是和老伴一起养老，还是各住各的？是自己一个人住，还是跟儿女同住？是固定在一个孩子家里养老，还是轮流去不同的孩子家养老，或是去养老院？没有哪个选择是最好的，主要看老人自己的需求。例如，对于夫妻感情好的老年伴侣来说，一起住当然最好；对于一些冲突很多的老年伴侣来说，分开住也是一种选择。

③用什么钱养老。我们的文化导致我们往往忌讳谈钱，但涉及养老，钱确实是一个重要因素。现在年轻人给老人养老的压力确实很大，因此应该对老人养老进行提前规划。可以理性地与老人讨论养老规划及养老费用，特别是要讨论如何储蓄一部分钱来应对老人突发的疾病，同时还要对老人未来突发疾病

的护理问题等有提前预案，做到大家都心中有数。

2. 如何跟父母沟通育儿观的差异

代际养育的差异被放大了，也体现出当下的年轻父母在育儿这件事上其实跟自己父母那代同样焦虑，只不过表现方式不同。过去的父母感受到生活的不易，急需训练孩子听话、能吃苦。这代父母怕孩子在竞争中失败，急需训练孩子独立、有个性。

很多年轻父母担心的无非是老人溺爱孩子，让孩子没有规则感，或者过于控制孩子，像对自己小时候一样。

年轻父母一代需要了解的是：

①老人现在所处的位置与角色不同。养育我们的时候，他们是家庭支柱，生存环境差、压力大。如今，他们不再需要操心生存问题，人整体上是放松的，对孩子也会更有耐心、更宽容。很多年轻父母会发现，父母当年对自己如秋风扫落叶般严厉，现在对自己的孩子却像春风般温暖。

②孩子有调整自己适应不同养育方式的能力。有一个小姑娘在 5 岁时就总结出了规律：在爸爸、妈妈这里，我对也是错，错也是错；在爷爷、奶奶、姥姥、姥爷那里，我错也是对，对也是对。

③在养育孩子的过程中，妈妈仍然是最重要的角色。妈妈如果能跟孩子建立安全的依恋关系、共情孩子的感受，其他方面就不用太过于担心。

第 6 章

CHAPTER

读懂你，温暖我
——亲子沟通

沟通就是爱

第一节

母子共情
——沟通的基础

当代的亲子沟通冲突越来越多，一个难题就是爱的困境：父母觉得自己付出很多，而孩子的体验越来越差。导致这个现象的主要原因是父母共情能力差，不能理解孩子的感受，造成孩子在成长过程中感到孤独和无力。对此，我们需要思考，在养育孩子的过程中，母爱是本能，是什么扭曲了这种本能，让母亲与孩子无法共情？

一、母子共情的重要性

共情是一个心理学词汇，指关系中的一方对另一方内心世界的理解和体验，就像歌曲《牵手》里唱的：

因为爱着你的爱

因为梦着你的梦

所以悲伤着你的悲伤
幸福着你的幸福
因为路过你的路
因为苦过你的苦
所以快乐着你的快乐
追逐着你的追逐
……

能体会到对方的喜怒哀乐，并知道对方为什么会有这些情绪，其实就是共情。

母亲和孩子之间的共情有一个天然的存在阶段，就是孕期和哺乳期。在孩子的胎儿期，母亲能体会到的胎动就是母子最早的联结——妈妈睡不好，宝宝也会折腾。哺乳期，孩子快饿的时候，妈妈的乳房就会胀，妈妈自然就会想到孩子快饿了。大部分自然经历过这个过程的妈妈都可以和孩子建立比较好的共情。

随着现代社会节奏的加快，这个自然的过程已经变得越来越不自然。很多准妈妈在临产前都在正常工作，承受着同其他同事一样的压力，在家庭中也会承担很多职责，没有时间和精力去体会孩子的胎动、建立早期的联结。

孩子出生后，新手妈妈的焦虑、抑郁情绪变得越来越常见。新生儿出生带来的家庭结构变化，导致家人之间的冲突也增多，新手妈妈患乳腺炎的概率也越来越大。过去，我们很少听到哪个妈妈生完孩子没有奶。而现在，生完宝宝没有奶、奶量少或者因为乳腺炎不能喂奶的新手妈妈越来越多。据相关的研究显示，新手妈妈得乳腺炎的发病诱因里，和家人沟通不顺导致情绪不良是一个不容忽视的部分。过早断乳，导致孩子和妈妈之间的共情过程受到了阻碍，也为后面的沟通不良埋下了隐患。

在孕期和孩子一岁前，妈妈对孩子的观察和情绪互动是之后亲子沟通中共情的基础。因为宝宝还不会说话，所以妈妈必须更用心地猜测孩子的情绪。长此以往，母子间的共情自然形成。

母子之间要共情

二、无法母子共情的原因

既然母子联结是本能，那又是什么让母亲不能与孩子共情呢？原因有以下几点。

1. 被评价的压力

太多妈妈想做好妈妈了。女性在刚刚转换为母亲身份时，身体和心理的变化都是比较剧烈的，生怕自己的哪个决定错了，得到不好的评价。对新手妈妈的调查显示，在孩子 0~1 岁阶段，34.88% 的妈妈表示“自己动不动就会哭起来”，41.04% 的妈妈表示“当事情出错时，会不必要地责备自己”。

靠自己观察、体会孩子的感受来作的决定不一定都是对的，所以我们宁愿相信书上说的、医生说的。万一错了，还有人“背锅”。其实我们应该明白的是，医生只对某个阶段的量化指标负责，父母才对孩子长期身心健康负责。每个孩子的敏感度都不同。对自闭症多年的研究发现，很多儿童得自闭症的原因是高度敏感的孩子匹配不太敏感的养育方式。只有不断去感受孩子，我们和孩子的默契度才能越来越高。

2. 一些自以为正确的认知胜过了情感

当下是信息爆炸的时代，很多妈妈都有多种渠道来获得养育孩子的知识。面对这些信息，很多妈妈得到了正确的认知，但同时也会吸收一些自以为正确的认知。当妈妈用这些自以为正确的认知来抵制孩子的情感需求时，就会导致母子共情难以产生。

比如，当孩子处于婴幼儿时期时，很多老人会建议我们不要给孩子养成“抱睡”的习惯，即使孩子每次被抱以后都能停止哭泣、快速入睡。老人的理由是“抱睡”会让孩子形成习惯、产生依赖性，以后会难以改正。而事实上，婴幼儿因为刚从被包裹的子宫内出来，所以缺乏安全感，拥抱和抚触能让他（她）

感受到在子宫内的那种包裹感，从而让他（她）产生安全感。这是一种过渡期的需求。如果这种需求得到了满足，婴幼儿未来会有足够的安全感，过渡期过后，就不再强烈需求“抱睡”；如果这种需求得不到满足，婴幼儿的安全感就会缺失，对“抱睡”的需求可能会持续更长时间。

如果妈妈们被这些似是而非的经验影响了自己的判断，拒绝有“抱睡”需求的婴幼儿，就无法与孩子共情。因此，要与孩子共情，观察并满足孩子的需求才是第一位的。

3. 母亲的不良情绪

很多时候，导致妈妈不能与孩子共情的原因可能是妈妈自己的情绪问题。如果妈妈处在极度的焦虑、抑郁和恐惧情绪之中，她体会的都是自己的感受，根本无暇顾及孩子的情感。所以妈妈们一定要有足够的支持系统和方法来管理自己的情绪。

第二节

了解孩子的成长阶段

有了孕产期的基础，并不代表着妈妈能一直理解孩子、跟孩子共情。孩子在成长过程中千变万化，每个阶段都有让妈妈们很抓狂的表现。所以，要与孩子共情，就需要了解不同阶段孩子的心理需求，包括核心需求、关键任务、认知逻辑、情绪表达方式和行为特点 5 个方面。

在沟通分析理论中，心理学家潘莉文提出了自己的循环发展理论，将 18 岁之前和之后的成长过程划分为 7 个阶段。这个发展理论是终生发展理论。该理论认为，每个发展阶段都有机会在成年后循环出现。也就是说，如果在某个阶段有缺失，后面都是有机会疗愈的。成长是如下图所示的螺旋式成长过程，而不是简单的线性成长过程。

第一阶段：存在的力量（0~6 个月）

第二阶段：行动的力量（6~18 个月）

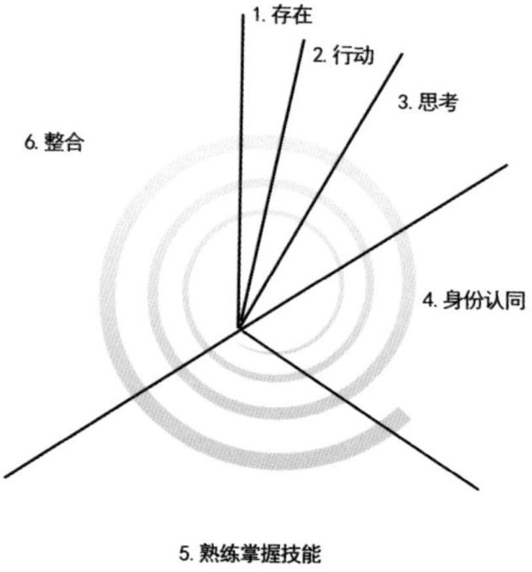

第三阶段：思考的力量（18 个月 ~3 岁）

第四阶段：身份认同的力量（3~6 岁）

第五阶段：熟练掌握技能的力量（6~12 岁）

第六阶段：整合的力量（12~18 岁）

第七阶段：循环的力量（18 岁以后）

这个螺旋图也解释了一个现象，为什么有的孩子会在年龄大了的时候出现退行现象，提出一些婴儿期的要求。比如，芸芸上小学时有一个阶段，坚持要求妈妈每天第一个来接她放学，因为妈妈在幼儿园阶段由于工作原因从没接过她放学。所以当孩子给你提一些不可理喻的要求时，恭喜你，孩子在穿越回去给你制造弥补的机会。也许她上了大学遇到学习困难，会要求你陪读一阵子；也许她上了高中，要求天天吃你做的饭；也许他辞职在家，要求你每天陪他玩一会。很好，孩子还信任你，给你机会修复，不要再评价，不要再迟疑，享受这个过程就能体会到亲密。

一、第一阶段：存在的力量（0~6 个月）

对于刚出生的孩子来说，最重要的就是要有一个可以生存的安全环境。这个阶段的孩子口腔极度敏感，身体也需要被抚触，要拥有存在感，而不是力求表现什么。如果个体长大后重新退行到这个阶段，就会去寻求“我是谁”的认同感，而不是“我做了什么”的认同感。成年人如果退行到这个阶段，通常会停止思考或做事一段时间，同时需要在感官上、情绪上强烈地与人联结。

核心需求：温饱、生理接触的需求被充分满足。

关键任务：体验到温暖、亲密、愉悦的关系，从身体层面建立对他人和世界的信任感。

认知逻辑：文字和语言的逻辑尚未形成，主要依靠身体层面需求的被满足程度。

情绪表达方式：被满足就是愉悦的，不被满足则是混乱的、恐惧的、不安全的；哭和笑。

行为特点：有吸吮等口唇类行为；与养护人之间的眼神和表情的交流；翻身。

第一阶段孩子的需求如果被满足得很好，他会从身体层面得到如下信念：我有权利在这里；我的需要别人可以接受；别人很高兴我是个男孩（女孩）；别人喜欢靠近我、拥抱我；我不必着急，我可以慢慢来。

第一阶段是孩子积聚能量的过程，以让能力达到最大临界值，并最终产生行动。过早行动反而会让孩子的能量消散。

二、第二阶段：行动的力量(6~18个月)

一个6~18个月大的蹒跚学步的孩子，开始有了能力，通过自己的行动探索世界和满足感官需要。孩子开始能坐，能爬，能离开自己的婴儿床和妈妈的怀抱，想要起床，去运动，去闻，去尝，去触摸，去看，去探索。在这个充满强烈好奇心的阶段，孩子需要各种各样的刺激，迫切需要发展自己的行动能力，去看看这个世界是什么样子。

核心需求：仍然强烈地需要来自父母或其他亲密看护者的身体接触；被允许去探索，并在探索过程中得到足够保护和支持；失败时仍然能得到积极回应，允许其制造混乱。

关键任务：在行动的过程中体会到自己的力量，在被允许、得到支持的关系中，建立信任感。

认知逻辑：文字和语言的逻辑开始萌芽，能从对方的面部表情或声调判断自己是不是被鼓励；认识到鼓励自己的是“好的”，限制自己的是“不好的”。

情绪表达方式：除了哭和笑，还会用行为来表达情绪，如扔东西、用头或身体撞门、撞墙等。

行为特点：在混乱中进行自有章法的探索；每个孩子有自己的节奏。

在第二阶段，孩子需要通过做而不是思考来发展个体的感官意识。他们想不受约束地追随自己的冲动，“我现在的注意力持续时间很短”“我暂时不想有任何目标”是第二阶段的典型表达。如果成年后退行到这个阶段，个体可能会专注于什么时候开始、什么时候不行动，还会经历关于目标导向或没有目标的冲突。在这个阶段，个体行动的能力是最重要的，以至于会害怕自己没有行动。

第二阶段的需求被满足后，个体会得到如下信念：我可以好奇和凭直觉；我可以主动；探索和实验是可以的；我可以在做事情的同时获得支持；我可以得到别人的关注或认可，但我仍然可以按照自己的真实感受行事。

三、第三阶段：思考的力量（18 个月 ~3 岁）

18 个月到 3 岁是成人的自我状态开始形成的时期，孩子在第三阶段开始追求独立感、个性和分离感。他们需要独处的空间，想要与众不同、独一无二。在这个阶段，孩子们开始说“不”，并和人对抗，试探着去建立边界。

核心需求：说“不”和表达愤怒都被接纳；开始分离过程。

关键任务：开始与妈妈分离，独自探索，能表达自我的需求，区分“你的、我的”，表达愤怒，敢于在关系中对抗。

认知逻辑：认为对自己有更多允许的人是好的，对自己有很多限制的人是不好的。

情绪表达方式：除了哭、笑、行动，还能熟练运用语言来表达情绪，如“我不开心”“这样不好玩”等。

行为特点：关注自我探索世界行为的同时，也会在不同的关系中呈现不同的行为。如跟着对他更接纳的人会更自由、更情绪化，跟着对他限制比较多的人可能更听话、顺从。根据试验得出了不同的边界，调整自己的行为。

第三阶段是孩子开始个体化的时期。这个阶段，孩子尽最大的力量努力说“我就是我”，并在关系中去推动和测试，找出极限，说“不”，然后分开。如果这个阶段顺利度过的话，个体会得到如下信念：我是重要的；当我感到愤怒的时候，我可以让人们知道；大人们很高兴我长大了；我可以独立思考；我的想法很棒。

这个年龄的孩子说“不”更像是争取一种权利，也是个体成长必经的心理过程。大多数时候，孩子说“不”不是在跟你对抗，而是他还没有考虑好。比如你问他“今天去公园吗”，他说“不”；问他“今天去儿童乐园吗”，他也说“不”，其原因是他还没想好去哪儿。总之，在这个阶段，不要太把孩子的“不”当回事儿。当下说“不”不代表他一直会说“不”，也许他的“不”只在 5 分钟之内有效，但如果你生气就会激发矛盾，导致冲突升级。这个年龄的孩子出尔反尔太正常了，说了不算也是常事。

成年后如果退行到这个阶段，个体可能会专注于发现“我有多重要”，想找到自己在某些情境下的极限。

四、第四阶段：身份认同的力量（3~6 岁）

一个 3~6 岁的孩子，经历了许多事情，成功从家庭中走出来，到了幼儿园这个社会化的地方。孩子们积极发展和更新着自己的身份，认识并认同自己的性别。他们想要重新发现自己是谁、自己的性别意味着什么。他们开始努力处理社会关系，把幻想和现实分开。这个时候，就像往水里扔一块石头，想看看涟漪会延伸到多远，孩子们开始观察自己行为的后果，并竭尽所能找出会发生什么，同时开始尝试去影响他人。

核心需求：被妈妈或其他核心养护者当成重要的人，感觉被重视，充分陪伴；在童话世界中完成幻想的部分，在现实关系中体验到自己的影响力。

关键任务：区分现实与幻想，认同自己在不同关系中的身份，建立影响力；认同自己的性别，建立性别自信。

认知逻辑：在不同的地方遵守不同的规则；开始用“应该”和“不应该”来要求别人的行为。

情绪表达方式：更多地用语言表达情绪，对情绪的体验越来越深；情绪分别来自关系、影响力和探索行为。

行为特点：开始有很多模仿行为，模仿老师、父母、动画片中的形象和情节。

顺利度过这个阶段的孩子会形成如下信念：我喜欢自己的性别；我是个很棒的男孩儿或女孩儿；我可以有自己对世界的看法；我可以做我自己；在关系中我有影响力；在妈妈这里，我一直是重要的；我不需要用恐惧、生病、悲伤、制造混乱来寻求照顾；我可以要求我想要的；探索自己是可以的，了解真正的自己是很重要的；我可以美梦成真而不用感到害怕；我有能力承担所作所为产生的后果。

五、第五阶段：熟练掌握技能的力量（6~12岁）

6~12岁的时候，孩子们在自己的小社会中不断生存成长，发展自己的能力去解决自己面对的问题，建立自己的人脉关系，施加自己的影响力。他们不时需要发现新的方法，学习新技能，并形成属于自己的价值观。他们对不同的观点及做法进行讨论甚至争论，经常想用自己的方式、方法来做事情，而不考虑别人的感受。这个阶段，孩子会尝试各种不同的方式、方法，甚至不断试错。慢慢地，他们找出行之有效的方法，将它整合起来为自我服务。

在这个阶段，孩子们拒绝依照别人的模式做事。他们认为采用别人的方法是不好的。他们可能很笨拙也可能犯错误，但这都是为了成为自己而做的有效尝试。他们也尝试从他人（家人、朋友）那里学习他们的相处及处世方式，特别是从同龄人和同性别的人那里。

核心需求：在发展能力的过程中得到允许、支持和正向反馈；用自己的方式、自己的节奏建立自我形象；在关系中要有权力感。

关键任务：注重同伴关系，在群体中建立自我形象；学习新的技能，学习如何解决问题，树立正确的价值观；建立自己的时间结构，形成与同龄人的相处方式，接受在团体中的压力体验；与同性别或不同性别的人相处；关心如何定义事实、与权威的关系等。

认知逻辑：自己的事情可以自己安排；任何时候都可以有

自己的选择。

情绪表达方式：开始能管理自己的情绪，形成自己的情绪处理模式，如打游戏、看动画片、和同伴交流。

行为特点：用自己的方法解决问题，不断提高各种能力。

顺利度过这个阶段的孩子，会得到如下信念：我可以学习用自己的方式去处理事情，并有自己的标准和方法，那是很好的；我无须受苦就能得到我想要的；我可以表达不同意见；相信我的直觉可以引领自己。

这个阶段的孩子会创造方法，按照自我的方式做事，就像一片叶子会转向太阳一样自然。每一个孩子都能找到生存下来的方法。

六、第六阶段：整合的力量（12~18 岁）

12~18 岁是青春期。这个阶段的孩子有 4 个矛盾：心理上的成人感与半成熟现状之间的矛盾；心理断乳与精神依赖之间的矛盾；心理闭锁性与开放性之间的矛盾；成就感与挫败感的矛盾。

对这个阶段的很多孩子来说，已经有接近成人的身高和体重，同时也越来越关注关于“性”的议题，而这一点往往被父母忽视。由于青春期是初中、高中阶段，也是孩子学业最重的阶段，所以很多父母把焦点都放在了孩子的学习上，忽略了青春期这个过程本身带给孩子的压力。

在一个青春期孩子的妈妈群里，有位妈妈分享了女儿班级中发生的事：初中开始，夏天时，有一些男孩会有意去拍女生的肩膀，借以试探女孩子是否戴了胸罩。如果发现有，他们就开始起哄。这个过程让女孩子觉得成长是一件很尴尬的事，对月经初潮的担心也是女生焦虑的来源。

当父母因为孩子的成绩感到焦虑的时候，孩子们则完全在另一个世界里。如何成为一个性感的人，并在团体中体会自己的性魅力，对青春期的孩子来讲非常重要。他们会经历显著的身体变化，同时去发展个人哲学，形成自己的价值观，并在成人世界里找到自己的位置。

核心需求：拥有独立的空间，在关系中拥有权力；独特性被得到允许和尊重；性发育的部分被欣赏和接纳。比如，有的家庭会在女儿月经初潮时举行庆祝仪式。

关键任务：成为一个性成熟的人，拥有成熟的性魅力，并找到安全表达性魅力的方式；在关系中获得越来越多与成人同等的权力。

认知逻辑：我的青春我做主；我很重要，我很有魅力。

情绪表达方式：情绪起伏比较大；有时过度自恋，有时又过度自卑；有时候会隐藏自己的情绪，有时会优先选择让同伴帮助处理情绪。

行为特点：用自己的方法解决问题，不断提高各种能力；以两倍的速度重新经历之前的各个阶段。

妈妈们会发现这个阶段的孩子需要吃得更多、睡得更多，会开始做很多探索，有很多不着边际的思考和反叛行为。他们关注与性、性别相关的问题，有时会看一些特别深奥的书籍。

顺利度过青春期的孩子，会得到如下信念：我能够为我的需要、感情和行为负责；我可以成为性感的人；我可以有持续的需求；我可以做我自己；别人的爱会永远伴随我。

当孩子们接受自己，并能成熟到脱离父母的养育时，新的成长就开始了，如此循环往复。

青春期阶段对于建立良好的亲子沟通关系至关重要，这将在本章第四节里专门讲述。

七、第七阶段：循环的力量（18 岁以后）

在 18 岁以后，孩子进入成人期，完成了一个成长周期，孩子的基本人格已经形成。在新的成长周期里，他们需要同伴——那些可以通过情感纽带来给予他们支持的人们。孩子需要慢慢地走，摸索前进，学会在新的环境中保持活力，为即将到来的日子积蓄力量。有时候他们又像婴儿一样，仿佛刚刚来到这个世界。他们不断尝试新的角色，形成新的关系，掌握新的技能。每次的重复都有它的特点，就像每个夏天都不一样，每次收获也与上一次不同。随着他们的成熟，他们会自然而然地进步和完善。所以妈妈们不用太焦虑每个阶段是否做到了完美，因为在后面的再循环中，孩子们都有机会去修正成长过程中的缺失。

孩子在不同发展阶段有不同的心理特征，确实需要妈妈灵活调整自己的五个自我状态，以适应孩子在不同阶段的需求。例如，可调动自己的控制型父母自我状态高效完成各种任务；调动自己的养育型父母自我状态来与孩子发展共情；调动自己的成人自我状态来培养孩子解决问题与理性思考的能力；调动自己的适应型儿童自我状态来教会孩子适应环境、提高弹性；调动自己的自由型儿童自我状态来与孩子打成一片，增进亲子关系。

第三节

识别自己的养育风格和安抚方式

“妈妈”其实也是一个职位。就像第三章职场沟通里提到的一样，要在这个职位上完成好自己的本职工作，需要了解自己在这个岗位上的职场驱力风格，以此来识别自己的养育风格，判定适合自己的安抚方式。

一、识别自己的养育风格

1.“要完美”养育风格

有“要完美”驱力的妈妈会有以下表现：孩子考 98 分时，你会关注另外的 2 分；对孩子行为上的细节过多关注；要求有秩序，不能接受孩子的混乱；要求孩子做很多准备。

2.“要坚强”养育风格

有“要坚强”驱力的妈妈会有以下表现：不能接受孩子的脆弱、哭泣、恐惧等情绪；过度要求孩子独立解决问题；不回应孩子的情感需求；不断给孩子提出更高的目标。

3.“要快”养育风格

有“要快”驱力的妈妈会有以下表现：每次你提出要求，都期待孩子第一时间回应，否则你就会有情绪；要求孩子短时间内做很多事；孩子只要快，出点错没关系；缺乏耐心，经常打断孩子说话；经常觉得孩子磨蹭。

4.“要讨好他人”养育风格

有“要讨好他人”驱力的妈妈会有以下表现：非常关注孩子是否顺从自己；要求孩子时时回应自己；总把自己的压力和情绪传递给孩子；过度要求孩子谦让、有礼貌。

5.“要努力试”养育风格

有“要努力试”驱力的妈妈会有以下表现：看不得孩子休息和玩耍；给孩子安排过多课外班；只关注孩子行程是不是满，不关注结果；盲目安排孩子做各种尝试。

每个人都不同程度地拥有这5种驱力，驱力是我们的生存方式。一方面，驱力让我们取得较好的成就，成为现在的自己。另一方面，如果把某种驱力看得过于重要，甚至把它当作一个人成功的唯一条件，就会导致过于僵化、缺乏弹性，使得驱力超出自己身心的承受范围。带着各种驱力养育孩子，就很难关注到孩子的特点、接受孩子独特的个性。

5种驱力对应着5种允许，是我们给自己和孩子松绑的钥匙：“要完美”驱力对应的允许是“犯错是可以的”；“要坚强”驱力对应的允许是“你可以表现自己的脆弱”；“要快”驱力对应的允许是“慢慢来是可以的”；“要讨好他人”驱力对应的允许是“你可以优先照顾自己的需求”；“要努力试”驱力对应的允许是“你可以按自己的节奏做完自己喜欢的事”。

练习　找到和孩子相处的最佳时间结构

1. 和孩子或伴侣聊聊，你在养育过程中是个什么风格的妈妈。哪种驱力排第一？准备给自己哪些允许？

2. 不同的驱力会决定我们和孩子度过时间的方式。第一章提到度过时间的方式分为 6 种，分别是退缩、仪式、闲谈（消遣）、活动、心理游戏、亲密。

3. 画出你和孩子相处的时间结构图：先画一个圆圈，分成 6 份，每一份的大小表示每一种不同方式所占的时间长短。思考在与孩子相处的过程中，你度过时间的方式有什么特点？哪一种是占用你时间最多的？哪一种是你忽视的？

4. 检视你是否想要改变亲子时间结构。若想改变的话，画出你希望的时间结构图，增加你想增加的部分，然后写下至少 5 种方法，在未来一周里付诸行动，再重新画时间结构图。

二、进行沟通中的自我安抚

大部分妈妈都要求孩子“自律、自主、自信”。这些词里面最关键的是“自”，但很多妈妈没有“自”，表现为没有自己的爱好，没有自己的界限，没有自己的时间，甚至吃饭没有自己的偏好，舍不得给自己花钱。这样的妈妈又何谈教给孩子“自主”。所以，从现在起，妈妈们需要记住：你自己的需要很重要，照顾好自己也很重要。中国传统文化中的“贤妻良母”早就应该被重新定义。

在飞机上，空姐会告诉你遇到突发状况要先给自己戴上氧气面罩，再去照顾孩子。这一点很容易理解，因为如果家长自己先没有了呼吸，就根本无法帮助自己的孩子。同样的道理也适用于当妈妈的时候。

当妈妈一味牺牲自己照顾家庭、照顾孩子的时候，也许可以让孩子生存下去，但自己将变得越来越枯萎，没有活力，同时也会变得越来越爱“索取”。索取的不一定是物质上的，而是孩子的“活力”。比如，不断向孩子要关注、要感恩、要陪伴、要成绩、要幸福，最终让孩子失去活力，越来越有窒息感。

觉察自己的需求、允许自己满足自己的需求就是安抚自己。不断漠视自己的需求的代价是巨大的。当妈妈在“要完美”“要坚强”“要快”“要讨好他人”“要努力试”的驱力上快速行驶时，自己的压力会持续在临界值以上。如果每一天都超负荷、快速运转，得不到休息，无法按时吃饭，没有时间放松，妈妈怎么可能有心情放松地陪着孩子呢？

“严于律己，宽以待人”是很难达到的境界，大部分人都是严于律己，也严以待人，妈妈对孩子就更是这样。当妈妈没有时间享受生活乐趣的时候，就很难和孩子一起快乐；当妈妈自己的诉求没有人倾听的时候，她也无法倾听孩子的诉求；当妈妈自己能量枯竭时，也会把情绪传染给孩子；当妈妈自己状态不好的时候，也会容易挑剔孩子。

妈妈长期缺乏正面安抚的另一个可能后果是自己的情绪经常失控。这种坏情绪有时会让孩子误认为是自己不好造成的，孩子会有负疚感，不敢快乐，不敢放松，会慢慢学着和妈妈一样忽略自己。

第四节

如何与青少年沟通：爱与规范不冲突

一、青春期概览

美国心理学家格兰维尔·斯坦利·霍尔说："青春期是一次新生，在此刻诞生了更高级、更复杂的人类特质。"青春期是人类最坏的冲动和最好的冲动彼此交锋的时期，也是让一切变得更好的必要开端。

有人说，处于青春期的孩子会给父母带来间歇式崩溃和间歇式希望。一位刚刚把孩子送入大学的妈妈回顾孩子的青春期时这样描述："崩溃的时候不能放弃，看到希望的时候一起努力。我想明白了，孩子能接受父母的平庸，父母为什么不能接受孩子的平凡呢？"

处于青春期的孩子在生理上发生快速的变化，如果在这个阶段还面临关系和环境的变动，那么青春期的孩子的情绪会处在巨大的混乱和冲突之中，这也是青春期的孩子情绪化和问题行为频繁出现的原因之一。

青春期的孩子对自己的肯定和否定常常是瞬间变化的，同样，对父母、他人、环境也是这样，满意了就抬得很高，不满意了就贬得一无是处。他们自己“互黑”和“自黑”时，话也都说得非常狠、不留情面，很多父母对此不适应。

剧烈的反转起伏和两极化的态度、评价及情绪是青春期的基调，但沟通分析心理学理论会认为，当孩子处在某个阶段的时候，父母也会被拉回到那个阶段。所以当孩子在青春期的时候，父母青春期里那些没有完成的心理任务，可能就会凸显出来。孩子与父母在青春期的冲突，其实是双方的青春期跨时空的一次碰撞。比如说，当孩子关注自己的外形、讲究吃穿的时候，父母就会想到自己在青春期时条件多么匮乏；当孩子睡懒觉不肯学习的时候，父母就会想到自己当年有多么努力；当孩子不断去挑战父母的权威时，父母会想到自己的青春期是多么的压抑和隐忍；当孩子进行早恋等各种各样的尝试时，父母可能会想起自己的青春期是多么的灰暗。

分享一个发生在心理咨询室里的真实小故事：有一位中学生被妈妈带到咨询室。他环顾四周，先把咨询室的装饰风格贬了一通，然后高高抬起下巴挑衅地问咨询师：“中央电视台的某某节目上的心理专家你认识吗？为什么中央电视台请他不请你？”咨询师老老实实回答说：“他是我们业界前辈，各方面都比我强太多，中央电视台请他不请我绝对是英明决策。”这个少年看了咨询师一会儿，像领导一样说：“啊，你这个人很真实，我们聊聊。”

青春期的孩子讨厌别人装，强调真实，因为他们正面临从幻想中走出来，面对真实世界里前所未有的挑战。因此，父母需要卸下伪装，用自己真实的成长过程和孩子建立联结，跟孩子分享自己失败的体验和成长的历程。

以两倍的速度重新经历之前的各个阶段是青春期的特点，对妈妈们来说，如何与青春期的孩子沟通也是个巨大的挑战。妈妈们不仅要应对孩子当下的困难，还要和孩子一起补偿之前在某些阶段缺失的部分，再加上妈妈们自己在青春期的旧伤，导致青春期的亲子沟通特别困难。

二、青春期亲子沟通的三大法则

给予允许、提供保护和培养能力是青春期亲子沟通的三大法则。

1. 给予允许

对大多数家庭来说，青春期的孩子都是带着前面成长阶段的各种缺失开始与父母产生冲突的。妈妈们需要知道，这是一个机会，但也是一个漫长的阶段。很多妈妈总想通过一两次谈话、一两件事情、一两次旅行来解决孩子青春期的各种问题，这是不现实的。妈妈们要放弃这种幻想，允许孩子用一段比较长的时间来完成这个整合，这段时间可以是一年、两年或者三年。而妈妈们也要在这个漫长的过程中慢慢改变自己。

高一男孩晓宇在自己喜爱的年轻男班主任调走之后，开始了各种折腾，先是早恋，再是跟新来的中年女班主任对着干，接着是酗酒，醉酒后划伤自己，最后辍学。

年轻男班主任之前非常欣赏晓宇，给他各种鼓励。对青春期的男孩来说，他们需要一个真实的认同自己的男性榜样，对于晓宇来说更是如此。他父母早年离异，他由母亲抚养长大。父亲角色的缺失和父子之间彼此的不认同，让晓宇对年轻男班主任的离开反应比较大。

之前隐藏的关系中的混乱和冲突在青春期集中爆发，因为青春期的男孩急于进入成人世界，成为一个成熟的男性角色，这也是晓宇早恋的原因之一——他需要一种成人世界里的亲密关系。但他失恋也是必然的，因为青春期的他和恋爱对象在思想上都处于混乱状态。

这个过程持续了 2 年。后来，晓宇的妈妈和晓宇分别接受了心理咨询。其间他们之间虽然出现了各种冲突，但晓宇一步步修复跟父亲的关系，解决与妈妈之间的矛盾。晓宇始终不曾进入妈妈期待的高考冲刺状态，经常阶段性地辍学，但他最后按照自己的节奏考入了大学。

孩子的青春期对于单亲妈妈来说是一个相当大的挑战，但晓宇的妈妈经受住了考验，在每一次崩溃中反思、成长、解放自己，也给了晓宇自由探索的空间。青春期的这种探索对于妈妈和孩子来说，都有着巨大的积极意义。如果正确地度过了这个阶段，在未来的人生中，孩子和父母都将拥有更加自由的人生。

写给单亲妈妈的话

“单亲妈妈”这个称呼既会让女性对自己“受害者”身份

进行催眠式的认同，也会让她的孩子受到歧视，就像“剩女”这个称呼是封建文化下特有的产物一样。从生物学角度来说，所有生下来的孩子，都有双亲，而不是单亲，所以用“女性独立抚养者”来代替“单亲妈妈”更为合适。请注意，这个反转很重要，“单亲”是把女性置于“受害者”的位置，而“独立抚养者”能让女性感受到自己的力量。这也是一个积极的暗示。

女性独立抚养者要建立自己的社会支持系统，这个系统可以来自家庭、朋友甚至是职场、社会。只要你能打开视野和心胸，资源就在你身边，不要把所有的情绪都转到孩子身上。

女性独立抚养者要完成跟孩子爸爸的“分离”。爸爸不在身边对孩子的影响并不会太大，那么多女性独立抚养出优秀的孩子已经是证明。但如果妈妈一直沉浸在对孩子爸爸的抱怨、仇恨里，就会对孩子产生很大的负面影响。

相信自己一个人也可以有轻松养育孩子的方式，而不是必须要“含辛茹苦”。这个词又是传统文化对女性的一个束缚，认为吃了苦才有资格说自己有价值。学会寻找快乐轻松的方式，照顾好自己，不让孩子有内疚感，不要让孩子觉得自己是“麻烦”。

要不要进入一段新的关系是你自己的事，进入和不进入要根据自己的需求而定，不需要为了孩子委屈自己不进入一段关系，别让孩子“背锅”。

主动有意识地完成跟孩子的分离。从产假后重回职场，到孩子上幼儿园、进入青春期，每一步的分离，女性独立抚养者都要有意识地处理自己的感受。一个人养育孩子时，母子或母女之间的联结会更深，这是正常的，但允许彼此去各自的世界探索也是必需的。

心理学上认为，无论我们是生物学上的男性还是女性，我们都有男女双性的心理特质，即“男子气、女子气”。女性独立抚养者可能天生“男子气”更多一些，所以不用担心，也不用过于细腻，因为无微不至的女性特质可能不适合越来越大的男孩或女孩。无微不至也意味着限制，“画地为牢”的同时也在“画地为界”。

用一种“我好，你也好”的态度给孩子解释爸爸不在的原因。对于此事，在孩子不同的年龄可以有不同的说法，这一点可以寻求专业心理咨询师的帮助。

2. 提供保护

太多的风险会让孩子陷入危机，太少的风险又会让孩子没有机会克服成长过程中社会心理发展的困难。如何在一个合适的范围内提供保护是让妈妈们很困惑的问题。

如今中学阶段把孩子送出去留学或者为了孩子进行教育移民的家庭越来越多，但结果并不尽如人意。

晓琳的父母都是跨国公司高管，在她初中阶段时移民。尽管学校老师认为初中阶段让孩子移民不是一个好时机，但晓琳父母仍然认为要抓住这个机会。

在国内的重点中学，晓琳学习成绩中等，但人际关系很好，她的自我价值感也很强。出国后，面对新文化和新的社交环境，她在人际方面的优势不复存在，陷入了混乱。她和父母冲突，不想上学，坚决要去打工，只和一些家庭条件不太好的孩子玩在一起，因为只有他们肯接纳她。

移民是一个好机会，但对于孩子来说也是一个创伤事件。融入一种文化是不容易的，需要漫长的过程。尤其青春期是孩子“自我同一性”整合的重要阶段，因此，父母要评估移民是否适合自己的孩子。比如，了解孩子在国外有没有熟悉的朋友？孩子是否明确表示过喜欢国外的生活？孩子在学习上有哪些具体的困难？如果有困难，要和孩子一起面对困难、提供保护，而不是给孩子制定过高的目标。

父母单方面认为的“我为你好，这样你未来会有更好的发展”的美好期待正在让青春期的孩子付出越来越大的代价，而且会给他们未来的人生埋下隐患。

但对于另外的一些体验，如果孩子坚持，父母可以看看自己能不能灵活一些。比如青春期的儿子早恋、去约会，并跟父母谈论他的异性朋友；青春期的女儿选择穿紧身衣甚至露脐装，或者选择价值不菲的晚礼服做生日礼物；孩子想去实习，做一些工作；孩子想和朋友们相约去旅行；孩子想见网友……每个家庭的弹性不同，在有些家庭里，这些事情非常常见，根本不值得讨论；但在另外一些家庭里，这些事根本没得谈。如果父母能更灵活一点，打破自己的限制，就会发现孩子比自己想象的更加成熟和善于保护自己。

父母还可以提供的保护是当孩子受到来自学校老师或者他

人不公正的对待时，父母能坚定地站在孩子一边。一位上市公司的老总曾说过，他对妈妈的记忆是，在他读初中的时候，有个成年人排队时在他前面插队，他妈妈冲上去和那个人理论，让那个人退回去；当他在学校受人欺负时，他妈妈安排他的小舅舅到学校威慑那帮大孩子。他知道在他妈妈心里，自己的事永远是大事，而且妈妈有力量也有方法来帮他解决困境。

3. 培养能力

处于青春期阶段的孩子会出现形形色色的问题，比如考试焦虑、跟老师对着干、在班级被孤立、打架、早恋等。正确处理这些问题既考验父母的能力，也考验孩子的能力，但这也是一个亲子沟通的好机会。面对这些问题，系统地看待孩子的困难、和孩子一起找原因、探索解决办法是妈妈们要做的事情。

在与青春期的孩子沟通时，妈妈们必须在沟通中调整自我状态。随着孩子逐渐长大，父母能教的东西越来越少，父母与孩子慢慢会变成朋友。孩子会在独立与依赖之间摇摆，有时像个小孩，有时像个大人。妈妈们要学会放手，并调整情绪，适应不再被孩子依赖的失落感，同时包容他们与自己的差异，并相信孩子的独特与潜能，虽然那个潜能可能不是孩子能取得好成绩。

更多时候，妈妈们只需要给孩子留出成长的空间，同时教会他们尊重你的感受与需求，减少控制，减少对小事的关注，增加养育中的共情部分，提高自身处理复杂问题的能力，并关注到孩子提升成人部分能力的需求，给予他们正面反馈，帮助他们提高以成人思维来解决问题的能力。同时，妈妈们应该释放自己的自由型儿童自我状态，才能体验到跟孩子沟通中的快乐。

三、青春期亲子沟通技巧

青春期是好的冲动和坏的冲动开始斗争的阶段，无论孩子们做了什么，妈妈们都需要看到积极的一面，在沟通中引导孩子成长。在与青春期的孩子沟通时，妈妈们需要先审视自己是否做到了以下几个方面：确认自己在进行学习，了解一些青春期孩子的心理特点，知道他们的发展任务；持续提供爱、安全与保护，不因孩子的挑战而退缩、疏离；接受青春期孩子的所有感受，并与他们讨论“性”方面的困惑；当孩子漠视你的感受和权力，用侮辱性的语言时，当面表达你的不认可；认同孩子即将分离的状态，并对他们的独立需求给予支持；庆祝他们的成长并欢迎他们成为成年人。

1. 可以尝试的青春期亲子沟通小技巧

（1）父母说话要简洁。常常在半小时的沟通里，至少一半以上的时间都是大人们在讲自己认为重要的事，其实青春期的孩子的感受很敏锐，他们一看到大人的表情就已经知道你要讲什么。知道你又要碎碎念半小时以上，他们就一点都不想听，就用放空的状态来敷衍，把大人的话当空气。所以父母跟青春期孩子沟通时，说话尽量简洁。

（2）青春期的孩子比较爱在晚上讲话，因为他们的生物钟比成年人延后。

（3）沟通时，用并肩坐着取代面对面坐着。当孩子觉得你没有在盯着他们时，比较容易打开心扉。

（4）在活动空当和孩子谈谈。孩子们喜欢在打球空当、坐在车上（你在开车）时、吃东西时，分享他们的感觉。

（5）让他们发泄。父母要训练自己倾听孩子的情绪性的表达，比如他们会说“我很烦”“上学真没有意思”等，这时候只需要倾听，不需要加以评论。

（6）以正面的态度问孩子特定问题，比如你可以问“你的老师怎么评论你这次的成绩”等，让他直接面对问题。

（7）找其他时间让孩子回应你的问题，因为青少年需要时间去发泄、整理思绪，通常不会一次性把情绪表达完整。

（8）谈大范围的话题，比如电视节目、运动、音乐、美食甚至政治，但话题内容应该比较客观，有助于了解彼此，再慢慢进入个人议题。

（9）用言语赞许他们的想法，如“好主意”“哇，你今天做了好多事”等。如果他们需要建议，做好准备，不要只给一个答案，要引导他们思考。

（10）青少年的沟通方法本来就和成人不一样，可以多用开放式问句鼓励他们谈他们的世界，如“你朋友们怎么想”“你怎么想”“你觉得呢”。

（11）父母一定要时刻提醒自己：青春期的孩子是敏感的、容易受伤害的，在他们面前要幽默常常会导致反效果，让他们觉得你不把他们的事当回事，因此要谨慎开玩笑。

2. 要避免的青春期亲子沟通事项

（1）尽量避免在早上和青春期的孩子谈重要的事情，尤其是当他们还在想今天其他的活动或是没睡醒时。等他们不会分心的时候，再和他们约时间谈重要的事情。

（2）避免问太过于笼统、不具象的问题，如“今天你在学校过得怎么样”。

（3）避免将话题集中在琐事上。

（4）在事情没弄清楚之前，不要给太多建议。

（5）不要自认为你知道他们会说什么，只因为你曾经是从那个阶段过来的。你需要知道，你的那个阶段和他们当下的情况完全不同。

（6）当他在讲困扰他很久的事时，不要开他的玩笑。

（7）不要在他们出现某些行为后纠结于寻求原因，不要不停地问“你为什么这么做”。

（8）避免针对某些事情反复说自己的想法。

常见的青春期亲子沟通难题解答

1. 我的孩子非常怕跟老师打交道，在学校里跟同学打交道也属于慢热型，不合群。当今社会，这样性格的人发展起来会受到限制，作为家长该做些什么？

答：家长需要想一个问题，孩子为什么怕跟老师打交道？可能的一个原因是在家里面，爸爸或者妈妈比较严厉，所以爸爸、妈妈是权威的代表。孩子把对爸爸、妈妈的恐惧投射到了老师的身上，所以不敢主动和老师交往。

还有另外一种情况需要分析，是只有你家的孩子怕跟老师打交道，还是班上所有的孩子都怕和老师打交道？如果说班上所有的孩子都怕和老师打交道的话，可能是老师的问题。

慢热和不合群是不能画等号的，不合群是怎么做都没有朋友，而慢热是指孩子根据自己的节奏去建立一段关系，这是允许的。重要的是父母不要轻易地给孩子贴上“不合群”的标签，因为有可能这个标签会给孩子暗示，让他承认自己真的不合群。

家长同时还要思考，自己和伴侣是慢热型的吗？如果是，孩子慢热没什么奇怪，也没什么不好。如果家长是自来熟的，也可能是家长的方式过多地入侵了孩子的边界，让他觉得不舒服，所以他决定要做一个慢热型的人。

2. 我家孩子上初一，学校的功课比较多，压力大。最近我总听到他说“我懒得写了，烦死了”或者“我懒得背，累死了”。我跟他说初一打基础很关键，要下功夫，否则成绩会被拉下来。他根本当耳旁风，有几次甚至把房门插上，简直难以沟通。我该如何改变他的想法，激发他主动学习呢？

答：从小学到初中确实是一个比较大的转折，小学阶段的功课比较少，到了初中一下子增加到六七门，对孩子来讲本身就有压力。从反馈的信息来看，你跟孩子说的“初一打基础很关键，要下功夫，否则成绩会被拉下来”这句话是理性层面的沟通，而孩子的表达处于情绪层面。孩子在不停地跟你表达他很烦、很累，其实传递的是两个方面的信息。一是他在情绪上是烦的，这么多的功课让他很烦；二是他身体的感受是累的。孩子想跟你沟通的是情绪和身体状况，但你一定要在理性层面跟孩子沟通，那就是交错沟通，没有与孩子共情。

刚进入初一时，孩子的学习量激增，学业压力增大。他们常常会把大量时间用来学习，有些孩子甚至要写作业到夜里十一二点，早上又需要早起去学校，他们的身体比较疲倦。建议在孩子初一的阶段，家长不要光看重学习成绩，还要关注孩子的身体，看看有一些什么样的活动能让孩子的身体更放松一些、更舒服一些，帮助孩子去适应初中阶段的学习模式，解决孩子具体的学习困难。另外还要注意，初中的孩子已经进入了青春期，父母应该去了解一下青春期孩子的心理特点，不要把能量用在与孩子对抗上。对孩子的管教需要抓大放小，如果一味地控制孩子，孩子就会把矛头对准父母，那他就没有能量去做他自己觉得重要的事情了。

所有的孩子都是有自尊的，他们其实非常在意自己在班里的形象。成绩倒数几名的孩子的内心也是非常不舒服的，他们也不愿意待在那个位置上。所以当我们照顾好他们的身体，和他们的情绪有了更多的共鸣之后，每个孩子都会成为父母眼中通情达理的孩子的。

3. 我小孩今年刚满16岁，他父亲去世2年了，家中只有我和他两个人。他从小就同院子里的一个小女孩玩得很好，发展到现在成了早恋了，但他俩的学习成绩都很好。我也不知该怎么办，请指教。

答：进入恋爱关系说明孩子渴望长大，提前进入成年人的世界，也可能在告诉你在家庭关系中他缺乏亲密的联结。家长可能会照顾孩子的生活，却不能跟孩子分享感受。家长可以试着跟孩子谈谈他喜欢的人有什么特点、相处中有什么困惑等，虽然大部分青春期的早恋都会无疾而终。

孩子在青春期都在探索，也开始慢慢形成自己的人生计划。每个父母都希望自己的孩子走平常路线，然后成为优秀的人。但我们必须知道，每个人的人生都是非常个性化的，尤其是现在这个阶段，越来越多的年轻人开始打破常规，去走一条和社会主流不太一致的路。现在十几岁孩子的父母，大多是"70后"，是循规蹈矩长大的一代。对于孩子，无论"70后"家长有没有做好准备，都必须认识到孩子的一生将和自己的人生完全不同。很多"70后"家长经历的都是随大溜的压抑人生，到什么时间干什么事，为生存而活。但"90后"孩子更愿意去探索和体验人生，他们不再为生存而活，更加看重自己精神层面的自由，想去尝试不一样的人生。他们中的很多人不再为了达到某种学历、成为某个领导、拥有多少财富而活。父母越接受这个趋势，就能给孩子越多的助力，以保持一个良好的亲子关系。反之，冲突就会很多，亲子关系的挫败感也会更强。

回到你和孩子的情况，我不知道你和孩子之间的亲子关系如何，你是否能和孩子进行成人式的沟通，一起对他的未来进行规划。其实父亲的离开会对儿子造成影响，尤其是青春期的男孩，他需要一个成年男人的指引。没有这样的引领，孩子会有困惑也很正常。孩子早恋就标志着他想快速进入成人世界，成为一个男人。早恋不是原因，只是孩子应对情感缺失的一种方式，暂时可以不用处理。如果孩子愿意，可以带他一起进行家庭心理咨询。你一个人带孩子会有很多压力，尤其是面对青春期情绪起伏比较大的孩子时，要注意对自己进行安抚，并调整情绪，学会在自己的情绪和孩子的行为之间建立界限。孩子有这样的情况不是你的错，这是每一个青春期的孩子都会经历的阶段，普通家庭的孩子也一样。孩子在青春期的探索是一个比较长的过程，不要着急。

4. 孩子爱打游戏而且不遵守约定的游戏时间规则怎么办？

答：打游戏是孩子度过时间的一种方式。打游戏能让孩子得到以下正面安抚：一是回避现实世界的压力；二是能在游戏里得到及时满足，因为每打过一个难关，游戏里就会有奖赏，孩子便有获得感；三是游戏打得好，会获得同伴的认可；四是在游戏中会结交到有共同语言的朋友。

父母如果不想让孩子把太多的时间花在打游戏上，不应该单纯地制订规则来禁止他们打游戏，而是要从改善亲子关系入手，来改变孩子的时间结构。父母需要思考，如果不让孩子打游戏，还有什么活动能让孩子体会到在游戏中获得的这些正面安抚。也就是说，孩子沉迷于游戏，本质上是想得到在游戏里获得的那些正面安抚。

图书在版编目（CIP）数据
“言值”有理：TA中的女性沟通心理学 / 徐丽丽，陈雅英著. -- 北京：中国工人出版社，2021.5
ISBN 978-7-5008-7645-8
Ⅰ.①言… Ⅱ.①徐… ②陈… Ⅲ.①女性-人际关系学-社会心理学-通俗读物 Ⅳ.①C912.11-49
中国版本图书馆CIP数据核字（2021）第064144号

“言值”有理：TA中的女性沟通心理学

出 版 人　王娇萍
责任编辑　习艳群
责任印制　栾征宇
出版发行　中国工人出版社
地　　址　北京市东城区鼓楼外大街45号　邮编：100120
网　　址　http://www.wp-china.com
电　　话　（010）62005043（总编室）（010）62005039（印制管理中心）
　　　　　（010）82027810（职工教育分社）
发行热线　（010）82029051　62383056
经　　销　各地书店
印　　刷　北京美图印务有限公司
开　　本　710毫米×1000毫米　1/16
印　　张　17.25
字　　数　185千字
版　　次　2021年11月第1版　2023年4月第4次印刷
定　　价　58.00元